董仲舒传

冯化太 编著

国文出版社
·北京·

图书在版编目（CIP）数据

董仲舒传 ／ 冯化太编著． -- 北京：国文出版社，2025． -- ISBN 978-7-5125-1824-7

Ⅰ．K825.1

中国国家版本馆CIP数据核字第2024ZW8344号

董仲舒传

编　　著	冯化太
责任编辑	罗敬夫
统筹监制	杨　智
责任校对	周　琼
出版发行	国文出版社
经　　销	国文润华文化传媒（北京）有限责任公司
印　　刷	文畅阁印刷有限公司
开　　本	880毫米×1230毫米　　32开
	6印张　　　　　　　　100千字
版　　次	2025年3月第1版
	2025年3月第1次印刷
书　　号	ISBN 978-7-5125-1824-7
定　　价	59.80元

国文出版社
北京市朝阳区东土城路乙9号　　　　邮编：100013
总编室：（010）64270995　　　　　传真：（010）64270995
销售热线：（010）64271187
传真：（010）64271187-800
E-mail：icpc@95777.sina.net

董仲舒(前179—前104年),西汉哲学家,今文经学大师。广川(今河北景县西南)人。专治《春秋公羊传》。曾任博士、江都相、胶西王相。

主张"罢黜百家,独尊儒术",为汉武帝所采纳,开此后两千余年封建社会以儒学为正统的局面。

其学以儒家宗法思想为中心,杂以阴阳五行说,把神权、君权、父权、夫权贯串在一起,形成封建神学体系。体系的中心是"天人感应"说。认为"天"对地上统治者经常用符瑞、灾异分别表示希望、谴责,用以指导他们的行动,为君权神授制造理论。

还提出"三纲五常"的封建伦理,以及把人性分为上、中、下三品的论点。宣扬"黑、白、赤三统"循环的历史观。

对"富者田连阡陌,贫者亡(无)立锥之地"的阶级矛盾现象有所揭露,提出"限民名(占)田,以澹(赡)不足","塞并兼之路"的抑兼并主张。

在教育上,主张以教化为"堤防",立太学,设庠序。

目 录

第一章 少年时光
取了一个好名字……………003
爱学习的少年……………007
向公羊氏求学……………013
深得老师赞许……………017

第二章 教书育人
成为乡里小老师……………027
与毛苌相遇交谊……………035
被邀请河间讲学……………040
被授予公羊学博士……………049
在家乡潜心教学……………052

第三章 坎坷仕途
在殿堂的精彩对策……………061

出任江都国相 …………………… 078
被贬为中大夫 …………………… 088
解答吾丘寿王问鼎 ……………… 098
解释"三世"之惑 ……………… 107
推演灾异惹出祸端 ……………… 113
再赴江都任相职 ………………… 124
出任胶西国相职 ………………… 127

第四章 晚年生活

违心地辞去官职 ………………… 141
参与泰山封禅活动 ……………… 147
与司马相如赏赋 ………………… 155
与李延年商榷《郊祀歌》……… 162
回答张汤问郊事 ………………… 166
积极推行《太初历》…………… 174
人生的最后时光 ………………… 182

董子春秋繁露

漢 董仲舒 著
明 陸雲龍 校

楚莊王

第一章 少年时光

春秋尊禮而重信信重於地禮尊於身
大者也得一扁而博達之觀其是其可以得其正法
覩其溫辭可以知其塞怨是故於外道而不顯於內
醉而不隱丁尊外然于賢亦然此其別內外差賢不
肖而等尊卑也義不如上智不危身故遠者以義輩
當甫等尊卑也義不如上智不危身故遠者以義

取了一个好名字

秦朝末年,天下群雄并起,经过楚汉之争,刘邦击败了项羽。公元前202年,刘邦称帝,国号为汉,定都长安,史称西汉。汉朝建立初期,天下初定,百废待兴。

经过多年的战争,百姓流离失所,田地荒芜。汉朝初期,国家建立在一片废墟之上,举步维艰。皇帝乘坐的车竟然找不到4匹纯色的马来拉;大将和丞相更不用说了,有的甚至只能乘坐牛拉的车。

基于这种情况,汉朝政府颁布了一系列利国利民的政策。在政治上,中央政府控制了除分封的诸侯王国之外的其他所有郡县,以增加中央政府的收入。在思想上,汉朝统治者任用了一批儒家学士,改变了对读书人的态度,认识到了知识分子的重要性。在经济上,汉初实行轻徭薄赋、休养生息的政策,使得社会经济迅速恢复,农业、手工业、商业空前繁荣。

汉朝广川有个董家庄,董家庄中住着一户姓董的人

家。这家人的祖先世代务农,此时的当家人是董太公。董太公身材中等,鼻梁高挺,相貌堂堂。

董太公继承了祖上家产,又生性节俭,是方圆几十里内数得着的富户,可说良田千顷,庄园多座,牛马成群,猪羊满圈。马撒欢跑几十里,都跑不出他家的地界,三里五乡的村民大多是他家的佃户。

此时国家强盛,世道太平。当时董太公家粮仓里的粮食吃不完,存粮都放得发霉了;金库里的钱多得数不清,散落得满地都是。

董太公从佃户身上收来很多租子钱,但是他从来不乱花。他望子成龙心切,希望有人继承家业。他深知"书中自有黄金屋"的道理,认为孩子想要有出息就得读书做官。在那个年代,买书也需要有胆识,秦始皇"焚书坑儒"的暴行让人不寒而栗。人们都怕藏有诸子百家的书,害怕被满门抄斩或是活埋。

虽然在西汉时期,皇帝已经把焚书令废除了,但是老百姓们仍心有余悸。董太公很有胆识,他亲自到城里买了一大车书。那时的字都是写在竹片上的,书都是一捆一捆的竹简。

董太公是十里八乡内数得着的有学问的人。他买来的那些书,不光是自己学习,他也让子孙后代学。那时,他已经有两个女儿,但都不是很聪明。他常常想,如果夫人能够再怀一胎生个聪明的男孩该有多好啊!

汉文帝前元元年(前179年)四月的一天,董夫人生下了一个男孩。这男孩与众不同,长颈高鼻,天庭饱满,下巴方圆,特别是哭声格外响亮,离得很远都能听到,就像三四岁的孩子一样。

董太公常常想,老董家不仅仅要良田万亩,家财万贯,还要让儿孙成为朝廷命官,要管上万人、几十万人,甚至几百万人。要做官就得多读书,要读书就得买很多书。于是,他花多少钱买书都不心疼,豁出万贯家财也要把孩子培养成才,以便光宗耀祖。

见到呱呱坠地的儿子,董太公心里说不出的高兴。他指挥着家人把房上房下都打扫得干干净净,把三里五乡的亲朋好友都邀请来。他还请了戏班子,在村口搭了戏台,正儿八经地庆贺了三天。全村都跟过年一般热闹非凡。

三天庆贺过后,董太公这才想起来还没有给孩子取名字。取个什么名字呢?董太公和他的父亲以及弟兄们感

董仲舒传

到十分为难。

弟弟说:"叫'家福'吧!这个名字吉利,以后全家生活都很幸福。"

父亲说:"他排行老三,小名叫董三,大名得起个富贵名,叫'金福'咋样?"

董太公说:"生他的那天,我正巧刚买回一大车竹简,叫'简书'行不行呢?这名字有文墨味儿,一听就知道出自书香门第。"

长辈们你一言我一语地议论了好几个晚上,也没有定下孩子叫什么名字。后来,他们又讨论了好几宿,始终没有取出个老的高兴、少的满意以及令全家人都认可的名字来。

过了一段时间,董太公有事路过山东曲阜,就去拜见了孔圣人的重曾孙,希望他能给自己的孩子取个好的名字。当时孔圣人的重曾孙正在看竹简,知道了董家人的来意,就闭上眼睛默默地思考了几分钟,并用笔在竹简上写了"仲舒"二字,递给了他们。

"仲舒",董太公拿起竹简端详着。他觉得圣人后代给取的名字与董太公取的名听起来差不多,可"仲舒"二字却

多了一些深邃的涵义。圣人之后的确学问高深，董太公非常高兴，"董仲舒"的名儿就这样给新生的孩子定了下来。

爱学习的少年

仲舒很小的时候，他的父亲望子成龙心切，特地为他聘请了一位在方圆几百里内都很有声望的博学之士，这位博学之士开始对小仲舒进行比较系统的启蒙教育。

小仲舒虽然出身于豪富之家，但他身上丝毫没有纨绔子弟的气息。在没有读书的时候，他同大多数同龄孩子一样，粘知了、逮麻雀、爬树、荡秋千，尽情地玩耍。

但是，小仲舒开始读书后，说来真怪，尽管他的年纪还很小，却对书籍产生了浓厚的兴趣。他一头钻进书堆里，嗜书如命，从熹微的晨光到暮色四合的傍晚，他与书做伴，感到无穷无尽的快乐，甚至忘记了周围的一切。

小仲舒十分聪明，他的领悟力也特别强。老师教过一遍，他理解得很快，并且还会把老师讲的内容牢牢地记在心里。读的书虽然谈不上过目不忘，但是大多数他都能清

董仲舒传

楚地记得。

　　书上的内容，小仲舒经过一遍又一遍地温习，早就记得滚瓜烂熟了。那时候的书与后来人们看到的书不同，那时的文字大多是写在竹简上，并且用牛皮做成的线或丝绳把刻有字的竹简穿在一起，就形成一本书了。由于一片竹简写不了多少字，所以，一本几万字的书就十分笨重，携带和翻动都极不方便。

　　小仲舒少年时酷爱学习，优秀的成绩在董家庄一带是出了名的。他读起书来常常会忘记吃饭，真是如饥似渴，一天到晚不歇息。董太公看在眼里急在心上，想着，怎么变着法儿地让孩子抽空玩玩呢？

　　董太公冥思苦想了好几天，终于想出了一个高招。他决定在宅院的后面修建一个小花园，这样就可以让孩子到花园散散心，休息一下。于是，董太公请来了亲朋好友和能工巧匠，在一起议论了一番，最后定下小花园分三年盖成。

　　第一年，董太公一边派人到南方学习，看南方人家的后花园是怎么建的，一边准备砖瓦木料。宅基地不小，花园可盖得大一些。第一年，花园里绿草如茵，鸟语花香，蝶蜂飞舞。姐姐多次邀请小仲舒到花园中玩耍，但他手捧竹简，只是摇头。

第二年,小花园里建起了一座假山。邻居和亲戚的小孩子都去假山上玩耍。小朋友们叫小仲舒一同前往,他连动也不动。依旧低着头,用笔在竹简上写文章,头都没有抬一下。

第三年,后花园建成了。亲戚朋友以及邻村的百姓纷纷携儿带女前来观看。孩子们爬山赏花。大人们一个劲儿地赞叹,夸赞董家的花园建得好。父母叫小仲舒去玩,他只是点点头,仍然没有理睬。

农历八月十五是阖家团聚的中秋节,晚上,小仲舒全家人都在吃酒赏月,可是左等右等都不见小仲舒的身影。他母亲急忙派人去找,到书房里一看,小仲舒没在,原来他趁家人赏月的时候,又去找先生研究诗文了。

经过一段时间的学习,小仲舒受老师的影响,在学术上选择了儒家,专门研究和探讨历史著作《春秋》——这是儒家最重要的经典文献。

孔子在《春秋》里主张尊崇皇帝的权力,做臣子的就应该听命于皇帝,对那些违法乱纪的乱臣贼子,决不姑息,一概处以极刑。

在老师讲解《春秋》的时候,小仲舒认真学习,勤于思考,他提的许多问题,有些老师都答不上来。

后来,老师向小仲舒建议说:"你已经十五六岁了,学问不错,可以自己出去游学了。再说,我的学问也是有限的,已经全部教授给你了,我不能再教你了,再教下去,我觉得自己是在骗饭吃。我准备辞去这里的教职,回到家乡去养老。"

听了老师的一席话,小仲舒心中一亮:"是呀!我应该出去游学,访问名师,精进学问。"家中的藏书与老师带来的书籍,他几乎都能够倒背如流了。可一想到要与老师分别,他就十分难过。七八年来,他与老师朝夕相处,师生之间已经建立起了深厚的情感。

小仲舒从一个目不识丁的乡下顽童,成长为一个识文断字、稍通文墨的少年书生,这多亏了老师多年来的谆谆教诲。此时,老师就要与他分别了,那种依依不舍的眷恋之情油然而生。

小仲舒多么希望老师能够再待些日子,自己能继续聆听老师那点燃自己心中智慧之光的话语。可是无论怎么挽留,他也没能阻止老师回家。老师饮过小仲舒谢师宴上的送行酒之后,向他挥了挥手,道了一声珍重,坐上小仲舒父亲雇好的马车,就出发回家乡去了。

望着那载着老师的马车渐渐远去的背影,小仲舒内心感到无限惆怅。他伫立在徐徐的秋风之中,一种失落的感觉涌上他的心头。随着老师的远去,他那在老师指点下读书求知的金色岁月,也一去不复返了。从此,他得一个人在求学道路上摸索前行。

送老师离开之后,小仲舒便开始打点行李,准备出去游学了。可是到哪里去呢？小仲舒不得不好好考虑考虑。齐鲁大地是孔孟的故乡,向来是文化之邦,典藏丰富,源远流长,硕学大儒,多在其间,不可以不去,更何况那里离他的家乡也比较近。

小仲舒拿定主意之后,就和父母商量。父亲十分同意儿子的打算。可小仲舒却在母亲那里遇到了麻烦。女人家心细,考虑的问题也多。他的母亲顾虑重重,毕竟,小仲舒才十五六岁呀,他还只是个孩子呢!

外面的风霜雨雪、豺狼虎豹、路途崎岖、强人出没,谁能保证小仲舒不会出事儿呢？儿是娘的心头肉啊,她说什么也不同意小仲舒出去游学。在她看来,那样简直太冒险

董仲舒传

了,她决不愿意把儿子交给外面的世界。

母亲的极力反对让小仲舒感到十分沮丧,难道自己就这么待在家里一辈子吗?他不甘心。他得做做母亲的思想工作,让母亲像父亲一样,允许自己出去游学。

该怎么办才好呢?小仲舒是个孝子,他是不会与母亲不辞而别的。他苦苦地思索着,希望能想出一个让母亲同意他出去游学的好办法。突然有一天,他脑中灵光一闪,想到了外公——他要让外公帮忙劝劝自己的母亲。

小仲舒的外公曾经戍守过边关,跟匈奴打过仗。小的时候,仲舒最喜欢听外公讲故事。恰巧,有一天外公来了。他缠着外公,把自己想要出去游学的想法告诉了外公。

外公非常赞赏小仲舒想要出去游学的想法,认为好男儿不能窝囊地待在家里,否则,一辈子都会没有出息。外公愿意充当小仲舒的说客,说服他的母亲。果然,在外公的劝说下,母亲同意让儿子出去游学,小仲舒真是喜出望外。

不过,小仲舒的母亲还有一个条件:此时距离年关没有多少时间了,小仲舒得过了年,过了灯节,等到春暖花开的时候,才可以出去。虽然他还得等上三四个月,但是总比不允许他出去要好很多啊!

小仲舒等啊等啊,腊月过去了,灯节也过去了,他终于等来了春和景明的二月。在一个春光宜人的日子里,小仲舒告别了父母和兄弟姐妹,带着两个书童,骑着马,离开了家乡,向自己确定的第一个游学目的地齐都临淄出发了。

向公羊氏求学

临淄是战国时稷下学派的所在地,曾经是最为活跃的文化学术中心,淳于髡、邹衍、慎到、鲁仲连和荀况等著名学者都曾经在这里讲过学。

小仲舒前行的路上,桃红柳绿,鸟语花香,到处是一片醉人的春光。他一边不停地赶路,一边和两个书童指指点点,观赏着路两旁浓浓的春色,纵声谈笑着。没几天,小仲舒就来到了战国时期齐国的都城临淄。

到了临淄,小仲舒虚心地向当地一些著名的学者请教,他把自己平时沉思了很久却不能作出解答的问题逐一提了出来。这些学者有的对小仲舒的问题解答得非常好,时常让小仲舒有醍醐灌顶的感觉。有的也像小仲舒

一样,不是没有思考过这些问题,就是学养不够,解答不出。不管怎样,小仲舒还是很有收获。毕竟,同这些学者交流,他增加了不少见识,还读到了自己在家乡无论如何也读不到的奇书秘籍。

临淄最有名气的学者要数公羊氏了。公羊氏的"学宫"并不是很显赫,但却以解释《春秋》而名闻天下。《春秋》本是鲁国史书,孔子整理修订之后,成了儒家思想的经典之一。

孔子将《春秋》传给得意门生子游,子游传给子夏,子夏传与公羊高和谷梁赤。之后公羊高和谷梁赤分别创立了门派,形成了春秋公羊学和春秋谷梁学。公羊高将春秋公羊学传给儿子公羊平,公羊平传给儿子公羊地,公羊地又传给儿子公羊敢。

从公羊高开始,春秋公羊学慢慢变成家学,传内不传外,传子不传女,代代口传。公羊敢传子公羊寿后不久便去世了。公羊寿体弱多病,又赶上朝廷"开挟书之禁",郡县村落逐级兴办学宫庠序,便由此破除了家学传承体系。之后公羊高在"学宫"广收弟子,将春秋公羊学发扬光大。

小仲舒到来的时候,公羊寿正卧病在床,强撑着病体扶杖接见了他。公羊寿命先到的弟子胡毋生安排相关事宜。胡毋生,字子都,临淄人士,为人忠厚,有长者之风,十分爱开玩笑。

胡毋生问了小仲舒姓名之后,又问道:"你的字是什么呢?"

小仲舒说:"没有字。"

胡毋生笑着说:"舒者,展也!大舒必长,仲舒当宽,字宽夫怎么样呢?"

小仲舒说:"一切听师兄的。"董仲舒的字"宽夫"就是这么来的。

安排好食宿之后,小仲舒的两名书童便返回了广川。胡毋生又介绍给小仲舒两位同窗,一位叫公孙弘,字次卿,临淄西南薛地人士,年纪大出小仲舒许多;另一位叫主父偃,当地人士,比小仲舒稍稍年幼。

小仲舒到来后,几乎有半年的时间主要是服侍公羊寿。他给公羊寿端屎端尿,煎汤熬药,叠床铺被,打水扫地,忙得不亦乐乎。只有等到夜深人静且师父睡去的时候,他才抽空研习学问。

公羊寿见小仲舒聪明勤奋,忠厚老成,打心眼里高兴,

董仲舒传

巴不得对他倾囊相授。只是病魔缠身，力不从心，说不上三言两语便咳嗽连连，气喘吁吁。小仲舒本就是个心机灵敏的人，他一有机会便和公孙弘、主父偃等师兄弟们攀谈，遇到有疑问时才去请教公羊寿。

公羊寿在病榻之上将《春秋公羊传》口述给小仲舒不到一半时，小仲舒已经从师兄弟们那里偷偷学完了，并且默诵如流，能举一反三了。可是，他在师父面前未露半点声色。

公羊寿的病情稍微有些好转时，便加快了对小仲舒的授业工作。见师父口授相传特别吃力，小仲舒找了个机会建议老师将《春秋公羊传》书于竹帛，以便流传。公羊寿想了很久，最后应允交由胡毋生组织董仲舒、公孙弘、主父偃等书写，写成后再交给他校订。

对于竹帛之事，公孙弘十分不感兴趣。这个人曾经当过狱吏，对下吆三喝四，索钱索物，对上阿谀逢迎，送礼行贿。他学春秋公羊学是想给自己镀一层金，日后好升官发财。对于抄抄写写的事情，他不屑一顾。他对胡毋生说，我的眼睛有毛病，腰酸背痛坐不住，抄写之事让董仲舒多担待一些吧！

主父偃也不愿意做《春秋公羊传》书于竹帛的这些事情。他虽然伶俐乖巧，但嫉妒之心特别强，名利之心也非常重。他学《春秋公羊传》实在是三心二意，打心眼里并不相信仁义道德这一套学说。他最崇拜的是纵横家，喜欢追求的是诡计和权术。但是，他没有像公孙弘那样一口拒绝胡毋生，而是敷衍搪塞。这样，著于竹帛的具体工作就落在了胡毋生和董仲舒两个人身上了。

深得老师赞许

临淄有不少名胜古迹，著名的有桓公台、管仲墓、晏婴冢等。小仲舒到临淄后的第二年清明，弟子们跟随公羊寿到郊外扫墓。事毕之后，他们顺便到管仲墓和晏婴冢墓祭扫，之后又到桓公台游览。

在途中，众人问起董仲舒家乡广川的人文地理。小仲舒告诉他们，广川是平原之地，没有山石丘陵，有很多河流沟渠，最适合麦梁黍稷的生长。

小仲舒还说，村庄内外，枣林片片，古时称"棘津"。齐

国的始祖吕尚,没有发迹之前曾经在那里隐居,此时广川城西北30里许的地方还有"太公卖浆台"遗址。

离"卖浆台"不远处,有煮枣城,以煮枣油闻名。小仲舒还说,广川的红枣有若干种,金秋八月,红枣挂满枝头,可以食用,甘甜如蜜,入药有助于长寿,欢迎师父和各位师兄师弟抽时间到那儿做客。

公孙弘插言道:"既然是以枣木强盛闻名,就该称为'枣强'而不应该叫'广川'。"主父偃拍手称是,公羊寿和胡毋生也表示赞同。

小仲舒说:"广川枣强本来就是一个地名,再说郡县命名是朝廷的事情,我们只是笑谈开心罢了。"

公孙弘说:"日后我若当上了丞相,一定将广川县更名为枣强县。"此话还真被他言中了,他之后真的当上了丞相。

当时公羊寿的脸色显得不好,说道:"你们几个,若论学识和才干,仲舒是数第一的,有王佐之才。我的弟子中若有当丞相的,非仲舒莫属。"

胡毋生点点头,又说了几句赞扬董仲舒的话。

公孙弘默然无语。主父偃口中附和,心中却很不是滋味儿。车中气氛忽然沉闷起来。胡毋生便岔开话题,笑着问小仲舒道:"由广川到临淄,你是乘坐什么车来的呢?"

小仲舒不知他葫芦里卖的什么药,认真地答道:"牛车。"

胡毋生又问:"是自家的牛还是借来的牛呢?"

小仲舒说:"是自己家的牛。"

"这牛你们养几年了呢?"胡毋生问。

小仲舒说:"三四年了,我平时出门都是那头牛拉车。"

胡毋生问:"那是黄牛还是黑牛呢?"

小仲舒说:"是黄牛。"

"黄牛的耳朵和角哪个在前哪个在后呢?膝盖朝向哪里呢?"胡毋生接连问道。

小仲舒说:"大概耳朵在前,角在后,至于膝盖,自然是朝前了。"他想了想又说:"不对,牛的前腿膝盖朝前,后腿膝盖朝后。"众人都大笑起来。

胡毋生又问:"黄牛是雌还是雄呢?"

小仲舒眨着眼睛,问主父偃:"如何分辨雌雄呢?"

主父偃说:"从后边撒尿的是雌,从肚子下边撒尿的是雄。"

董仲舒传

小仲舒说:"牛撒尿的事由家人董大管,我只管坐在车上看书,不知那牛是雌还是雄。"

众人哄堂大笑。公羊寿赞叹道:"用心专一,必成大器,春秋公羊学后继有人了!"

就这样,他们边说边朝管仲墓驶去。

管仲是齐国名相,曾经废除公田制,设置盐铁官,帮助齐桓公吞并三十五国而成霸主。他南抗强楚,西救邢卫,北抵北燕,东阻东夷。孔子对他评价很高,曾经说过:"如果没有管仲,我们大概要披着头发,穿着征衣,受异族的统治了。"

管仲和鲍叔牙的友谊更是千古美谈。他们两人自幼以贫贱结交,后来鲍叔牙先入齐桓公门下,为人信用贤达,后举荐管仲为丞相,位在自己之上。两人同心辅政,始终如一。

管仲经常对别人说:

我曾经打了败仗逃了回来,鲍叔牙并不认为我是个胆怯的人,他知道我是因为有老母的缘故;我曾经多次做官都被驱逐,鲍叔牙并不认为我才能不够,而是知道我没有遇上好的时机;我曾经与鲍叔牙谈论,鲍叔牙并不认为我愚蠢,知道我只是偶尔会这样;我曾经与鲍叔牙做生意,我分利多,鲍叔牙并不认为我为贪,而是知道我贫困。生我的是父母,了解我的人却非鲍叔牙莫属啊!

在管仲墓前,公羊寿率领弟子们行祭拜大礼,缅怀管仲的业绩和品德。吩咐道:"学春秋公羊学,就要身体力行,像管仲那样,治国安邦,为君分忧,为民造福。"

接着公羊寿又说道:"你们同出公羊学门,应当学习管鲍之交,千万不要像孙膑和庞涓那样,相互嫉妒残杀。这样,为师百年之后就瞑目了!"

小仲舒说:"师父放心,弟子一定以仁义为本,时时处处爱人正己,非礼勿视,非礼勿听,非礼勿言,非礼勿动。"

胡毋生说:"师尊无须多虑,我们师兄师弟一定会向管仲、鲍叔牙学习,患难相扶,肝胆相照。"

主父偃信誓旦旦地说:"日后谁要是坏了良心,身首异处!"这话后来不幸言中了。

在晏婴冢,师徒几个又发了一番感慨。晏婴作为齐卿,

董仲舒传

历任三世国君,曾经奉命出使楚国和晋国。他出使楚国不辱齐国,留下了千古佳话。出使晋国与大夫叔向议论齐政,预言齐国迟早要政归田氏,后来果真言中了。

公羊寿道:"天命可畏呀!"

小仲舒说:"能预见到百年之后的事情,晏卿真是神人啊!从《春秋》之中,看前世和自己言行之事,来窥探天人相与之际,真是可畏啊!"

公孙弘说:"天命固然可畏,但事在人为。田和以世卿之身取代了姜姓,自己成为齐君,真是大英雄啊!"

主父偃深表赞同,说:"大丈夫处世,如果为声扬四海,名归故里,既然做了卿相,便应该翻手云雨,如果不能流芳百世,也要遗臭万年,一定不要浑浑噩噩地度过。"

公羊寿摇摇头,慨叹地说道:"你的话已经远远偏离了《春秋》的大义!如果是这样,就不要提到你是出自公羊学宫了!"

胡毋生慌忙劝道:"师尊何必这样认真呢?师弟们不过是兴之所至,胡乱议论而已。天色已经不早了,咱们都回去吧!"

不久,公孙弘和主父偃借故提前离开了公羊"学宫",

董仲舒仍然协助胡毋生整理书写《春秋公羊传》。到了年底,书写工作进行到三分之二,公羊寿不幸病重去世了。

葬过师父之后,董仲舒回归广川故里,胡毋生仍然留在公羊"学宫",一边为公羊寿守孝,一边继续将《春秋公羊传》书于竹帛之上。

董子春秋繁露

第二章 教书育人

漢董仲舒著
明陸雲龍校

楚莊王

春秋尊禮而重信信重于地禮尊于身何以知其然也棄疾亡之觀其是非可以得其正法大者也得一編而博達之觀其禮是非可以得其正法視其溫辭可以知其塞怨是故于外道而不顯于内齊而不隱。于尊亦然此其别内外差賢不當而等尊卑也義不訕上智不危身故遠者以義諱

成为乡里小老师

小仲舒自幼勤奋好学,深得先生的喜爱。这次游学回来又学有所成,方圆几十里的人都知道他学识较深,孩子们的父母都愿意让小仲舒来教自己的孩子。

有一天,下着毛毛细雨,相距数里梧茂村的张老汉拍打着身上的雨点走进小仲舒家。

"家里有人吗?"张老汉大声问道。

"谁啊?"小仲舒的母亲应声走了出来。

"我啊!梧茂村的老张。"

"快请坐。"小仲舒的母亲连忙照应着。

张老汉坐下,跟小仲舒的母亲聊了会家常,然后说:"仲舒他娘,方圆几十里的人都知道你家仲舒学问深厚。村里的百姓委托我来和您说说,看能不能让仲舒教教我们的孩子呢?"

"这……这事我可做不了主,我得跟孩子商量商量,看孩子同意不同意。"董母说。

董仲舒传

"那好吧！我们就等您信儿了。"张老汉起身告辞。

夜深人静,小仲舒正在灯下看书。董母走了进来,悄悄地说:"儿啊,娘有件事情要同你商量商量。"

"什么事？"小仲舒抬起头来,充满疑惑地问。

"梧茂村的老张头冒着雨来咱家,说方圆几十里的百姓都说你学习好,愿意让你当先生,教教他们的孩子。我没答应,想听听你的意见。"

"不行啊,娘,我还年轻,掌握的知识还很少,怎么能当先生教人呢？还是回绝了吧。"小仲舒思考了一下说。

"这……他们是真心实意地来请,不答应好吗？"董母说。

"以后再说吧！"小仲舒不再说话,又低头看起书来。

董母见儿子不再说话,知道他不愿意当先生,也没有再说什么。乡亲们得知小仲舒不愿教学,心有不甘。仲舒有学问,让他教孩子,大家一百个满意,但谁也不愿意再到他家碰钉子了。

一晃半年过去了,乡亲们都十分着急,孩子们没个先生教课怎么能行呢？于是,他们又仨一群俩一伙地来到小仲舒家。

董母再也沉不住气了。刚刚吃完晚饭,她就跟小仲舒说:"孩子,乡亲们三趟五趟地来找,咱们如果再不答应就不好了。"

小仲舒沉思了一会说:"母亲,不是我不愿当先生,而是孩儿学识短浅,不能担此重任啊!"

过了些天,母亲又找小仲舒商量此事。董母说:"教得好坏不怕,敢教就行,先试试嘛!"

小仲舒低头考虑了很长时间才说:"那就先试试再说吧!"

在乡亲们若干次请求和母亲多次劝说之下,20多岁的董仲舒勉强答应先教教看,从此便开始了他的教学生涯。

董仲舒才高八斗,学富五车,知识渊博。俗话说,要教学生半桶水,先生就要有一桶水。他满腹经纶,讲起课来引经据典,头头是道,还爱打比方,学生们爱听、能听懂,还能记住,他的讲学效果十分好。

董仲舒对儒学研究较深,他从儒学的产生讲起,一直讲到儒学的重要作用,都讲得十分透彻。他培养的学生大都对儒学感兴趣,个个能熟背《诗》《书》《礼》《易》《春秋》等书,还能讲出其中深刻的含义。

董仲舒传

　　董仲舒讲课讲得好的消息不胫而走,连邻县郡的学生都慕名而来,要当他的学生。学生多了学堂就盛不下了。董仲舒有一天赶集时,见集上卖牛卖马的、卖吃卖穿的、卖布匹的应有尽有,人头攒动,很是热闹。他灵机一动,一拍脑袋:学堂里盛不下的学生,为什么不利用类似赶集的方式,把学生集中起来用下帷讲诵的办法来教呢?

　　下帷讲诵是指用竹竿等物插在四周,然后用布围起来,学生在里面听课,先生在里面讲课。

　　吃过晚饭,董仲舒走进父母的房间,见两位老人正谈话,上前温和地说道:"父亲,现在来学习的学生越来越多,学堂里盛不下,我想用下帷讲诵的方法到邻村讲课,您看可以吗?"

　　"好啊!这个办法能解决学堂少的问题,又能多教一些学生,我看行。"董太公鼓励他说。

　　说干就干,董仲舒第二天就到离家十几里的枫林村下帷讲诵去了。随着下帷讲诵次数的增多,他的学生也越来越多。后来人们把董仲舒讲学的村子称为"下帷村",以后的人又将下帷村改为"董学村"了。

　　故城县有一个小孩,是个聋子,但他非常聪明。他见同村的小孩背着书包到董仲舒下帷讲诵的地方去上学,就特别羡慕,便给母亲比画着说他也想去听课。

母亲连连摇头,跟他比画道:"孩子,你是聋子,什么也听不到,怎么可能会听到先生讲课呢?还是在家里干活吧!"

但这个聋孩子十分倔强,又跟母亲比画着说:"我想去听听,听不见就看先生的嘴怎么动,等我回到家后再慢慢琢磨,能听懂多少算多少。"

见聋儿非要上学,母亲的心也软了下来,她走了几十里的路来到董家村见到了董仲舒。这位母亲一见到董仲舒就跪下了,含着泪说:"我有个聋儿子,他见小伙伴全都上学了,也想上学,三番五次地跟我说他想上学。我说他是聋子听不见,他比画说不要紧,让他听课就行。求董先生收下他吧!"

董仲舒连忙把聋儿的母亲扶起,答应道:"可以让他来听听,听懂更好。"

聋儿一见董先生让他去听课,高兴得站起来跟母亲比画道:"我今天太高兴了,以后一定听先生的话,好好学习。"

第二天,聋儿就跟着村里的小伙伴们一同来听课了。

董仲舒传

聋儿一开始什么也听不到,只能看见董仲舒的嘴在动。但是他毫不气馁,坚持要听下来,时间一长,聋儿一看董先生张嘴的口型就知道他讲的是什么了。聋儿跟着董仲舒学习了好几年,掌握了不少文化知识,懂得了许多做人的道理。

聋儿竟然能听懂董先生讲课,真是神了!董先生的课讲得棒极了,方圆几十里的乡亲们没有一个不知道这件事的。邻村的一个哑巴孩子听说以后,也缠着母亲要来听课。哑巴的母亲同董仲舒说了几次后,董先生答应了。这哑巴学生学习很刻苦,还成了一名好学生呢!

古时的书籍是写在帛或竹片上的,卷起来收藏,因此书籍的数量论卷,一部书需要分成若干卷。由于字是写在竹片上的,这些竹片被称为竹简或书简。

竹片长尺余,宽0.3寸至0.5寸,当时的字不是后来的楷体字,而是隶书,和未被隶书取而代之的小篆体,甚至夹杂有尚未统一字形的"六国文字",也就是所谓的"古文"。

在狭窄的竹片上写书谈何容易呢?每个竹片容量不过十几个字,要写成一篇文章,甚至集多篇成一篇的论述,写了之后还要一遍又一遍地修改。董仲舒年年月月埋头读这样的书,写这样的文章,其耗竹量有多大,便可想而知了。"学富五车"之说,后世看来有夸张渲染之嫌,在古代其实不止五车啊!

董家庄枣木茂密,风景优美,但不产竹子。于是,董仲舒就常常嘱咐弟子们代劳顺便代买一些竹子来。写书的时间长了,需要竹子的数量也在倍增,董仲舒有些发愁了。

董仲舒在下帷讲诵时收的两名聋哑弟子甘愿为仆,他们对老师的生活关怀备至。有一天,他们两个人来到集上,见集市上卖竹子筐篓、笓子的有好几个摊位,他们便动了心思。

二人一个说,一个比画,弄懂了作为筐篓、笓子原材料竹子的价钱,回去报告给了老师。于是,师徒三人来到集上,见到卖竹笓子的,原来是相邻十来里路的花园村人。他们所用竹料是从南方沿清江直接运过来的,成本较低。花园村操此业的有多家,用量较大。

董仲舒说出自己的姓名和需要用大量竹材的事情,卖笓子的人虽然目不识丁,但他早听说过董家庄有个董善人,有学问,于是带有歉意地说:"我们只是做笓子卖,运竹子的事实在无力担当。"

董仲舒传

　　董仲舒心中有了主意，于是说道："只是请您把竹子劈成宽一些的竹条，刮得平整一些，按尺裁成竹片，我们按笓子的价钱买你的就是了。"

　　卖笓子的当然乐意了，这得省多少工序啊！从此以后，卖笓子的就按期送来一捆捆竹片。

　　很久以前，读书人、写书人用的竹简需要编号，每片一个号，形成一部书得成百上千个号，阅读使用起来也非常麻烦，比如读了一号上的两三句，那二号又不知得从一大堆竹片中翻多长时间了，等找到了，一号上的两三句又记不准了！

　　在这以后，有人发明了一种方法，把牛皮割成条，用皮条把竹简捆扎串接起来。牛皮条的厚度并不低于竹简，其笨重程度可想而知。

　　董仲舒没有参加过农业生产，幸好有姐姐主持村东那千亩田产。姐姐建立了大桑园，养蚕并缫丝。她善于经营，从南方人的口中晓得了合丝为线的技术，经过反复试验，终于成功。于是，她把所缫之丝并不全部沿清江外运，而是留下一部分来合股为线，送给弟弟用来编缀书简。

　　那聋哑两学生心灵手巧，就将每片竹简用丝线编缀起来。董仲舒铺在书桌上书写读讲真是方便多了。每次写完文章或是讲课结束之后,他便将书简从一头起,卷成一个大卷儿。再用时,则轻轻一拉就展开了。

董仲舒在董学村正式收徒讲经之后,慕名而来求学的人络绎不绝,学生是随到随学。受他教导之后,不少人后来都学有所成,十分有出息。

与毛苌相遇交谊

董仲舒在讲经之余,还会带着弟子们出去巡游。他的巡与游,并不是游山玩水,而是考察人文地理,体会民间风情,搜集史料传说,以开阔视野,丰富学识。

有一年春天,董仲舒坐着牛车,拉上书简,带着弟子出游去了。他们先去观津紫金城,访察名将乐毅故居的遗址,在"窦氏青山"附近拜祭乐毅衣冠冢。然后,他们往北去乐乡侯国,想要拜望乐毅的后人。

春意融融,垂柳葱郁,枣花淡黄,农夫在田中耕种,路上有一些行人。董仲舒手捧乐毅的《报燕惠王书》高

董仲舒传

声朗诵起来。就这样,他们赶着牛车,走过了一个村庄又一个村庄。

中午刚过,在一片枣树林旁边,董仲舒正吟诵:

古之君子,交绝不出恶声。忠臣之去也,不洁其名。

只见远处迎面驶来一辆马车,渐渐地走近,车上有人高声吟诵:

呦呦鹿鸣,食野之苹。我有嘉宾,鼓瑟吹笙。

董仲舒想,既然乘着马车,就不是一般庶民百姓。既然吟诵《诗经》,就不是寻常官宦子弟。便让弟子把牛车赶到一旁,自己下车恭候。见到这个情景,对面的马车也停了下来,吟诗的人欠身探头问道:"这位公子从哪里来呢"?

董仲舒施礼,回答道:"从广川来的。"

来人又问:"广川董仲舒,治春秋公羊学,在燕赵首屈一指。不知您与他是否有交情呢?"

弟子指向董仲舒说道:"这就是我们的先生董仲舒!"

来人听后,慌忙下车,郑重行礼道:"毛某有眼不识泰山啊！"

听说来人是毛苌，董仲舒十分惊喜。因为在齐国公羊高"学宫"研读春秋公羊学时，董仲舒就听闻孔子所删的《诗经》305篇，子夏自成一家之言。后世子孙辗转传给鲁人毛亨，所著《故训传》亲自传授予毛苌。

听说毛苌在河间献王处任博士，董仲舒心中本就存有拜访之意，没想到今日竟然在这里邂逅相逢。寒暄几句之后，毛苌说自己对董仲舒思慕已久，相见恨晚。他说自己这次出行，是专门为了采集民歌，因为献王刘德修学好古，并且崇尚儒学，藏书很多。毛苌挽着董仲舒的手，弃车漫步到枣园之内，边走边谈起来。

毛苌说，几日辛劳，收集到不少民谣，其中不乏一些上乘之作。如："颍水清，灌氏宁；颍水浊，灌氏族。"这难道不是代表民意吗？

董仲舒说："这些亲眼所见，亲耳所闻的东西确实有不可估量的价值，如果以此治学，还须要隐晦其辞，不然会得罪权贵和豪门，惹出不测的灾祸来。"

毛苌深表赞同，说道："我虽然四处广泛采集，但报给献王时还要筛选再三，并且主要精力还是用于研究《诗经》。"

董仲舒传

董仲舒便问起所治《诗经》的事情,说:"毛公将《故训传》传授给您的哥哥,令人十分钦羡啊!"

毛苌说:"这是世人误传的,毛公生前将《故训传》书到帛上,让他的子孙藏在家中。他的后代怕势弱难保,就呈给献王。承蒙献王厚爱,我的哥哥方才得到它,我现已经将字字铭记在心中!"

董仲舒说:"我读《春秋》,知道《诗经》本来有310篇,其中《南陔》《白华》《华黍》《由庚》《由义》《崇丘》6篇是笙诗,有声没有辞,圣人将其删去。但这305篇,都是有声有辞。不知兄长如今所研习的仅仅是辞之义理呢,还是包括声歌呢?"

毛苌说:"孔圣人在世之时,诗305篇,皆能和着琴弦之声歌唱,并且伴有舞蹈。但后来世事沧桑,诗慢慢地与声乐舞蹈分离开来,到秦始皇焚书坑儒时,人们只能以口相传。所以,我的哥哥所承毛公之学,仅仅是诗的义理部分。"

董仲舒说:"这样一来,诗的声乐岂不绝世了吗?"

毛苌叹了口气说:"就像您忧虑的那样,现在大部分已经无人知晓,也无从查考了!"

"刚才兄长在车中所吟诵的是《小雅》中之的《鹿鸣》

吗?"董仲舒若有所思。

"正是。"毛苌点点头。

董仲舒问:"为什么分为《大雅》和《小雅》?难道是因为古人分两次编定,先编的称为《大雅》,后编的称为《小雅》么?"

毛苌说:"雅是周王朝直辖地区的音乐,即所谓正声雅乐。政有大小之分,所以有大雅和小雅。"

董仲舒说:"小弟学习《诗经》时,遇到了不少难以解释的字义,兄长能否多留片刻,开小弟之茅塞?"

见毛苌点头微笑,董仲舒畅怀而言,提了很多问题,毛苌兴致勃勃,逐一作答。二人言来语往,不知不觉日头西沉,申时就要过去了。弟子前来催促,他们才走出枣林。

毛苌对董仲舒说:"献王刘德礼贤下士,已经在城内设立'君子馆',招纳四方学士前来讲学著书。我回去之后,会向献王推荐,择日将亲自到贵府相邀,到时候咱们弟兄再会,请恭候佳音。"

说完,二人登车,依依惜别。

董仲舒传

被邀请河间讲学

没过多久,献王刘德就邀请董仲舒前往河间国讲学。

董仲舒潜心钻研春秋公羊学,河间献王刘德早就有所耳闻。加上《诗经》学大师毛苌的介绍和举荐,刘德对董仲舒很是钦羡,便亲自到广川邀请他前往河间讲学。

中秋节刚刚过,献王的五马车队就来到了广川。一路之上,旌翻旗摇,烟尘滚滚。正在忙着秋收秋种的农夫们,瞪大眼睛瞧着这难得一见的排场。

广川城里,清水洒道。官员乘轿,衙役鸣锣,到城外去迎接献王。献王在金亭馆驿住下之后,主人们摆上美酒佳肴,唤来舞女歌妓盛情款待。谁知献王与众不同,既没有官架子,也不贪恋酒色。他像个书呆子一样,随车带来几大捆书简,有空就翻看。

献王放着山珍海味不吃,名牌贡酒不喝,非要吃广川的特产马莲金丝小枣,喝"枣花酿"曲酒。献王虽然是初来乍到,但对这里的人文地理倒蛮熟悉的。

献王对陪客的说:"你们这儿的裘皮堪称历史悠久,是当年比干丞相在这里做官时发明制造的。而且,四君子之一的平原君赵胜的墓就在你们广川,你们知道吗?"

作陪者说:"知道,已命人修缮保护了。"

"还有,"献王说,"你们广川有个村庄叫肖张,你们谁知道村名的来历呢?"

陪者红着脸说:"不太清楚。"

献王说:"那是当年萧何丞相劝降赵王张耳的地方。张氏的后人感谢萧丞相的恩德,特将村名加上一个'萧'字。再后来,一些后人将'萧'字改为了'肖'字。"

献王到了,不巧的是,董仲舒没有在家,他同师兄胡毋生、学友公孙弘等人一同去观津出游没有回来。

观津是窦太后的老家。窦太后名叫窦猗房,是汉文帝的皇后、汉景帝的皇太后,汉武帝的太皇太后。她的父亲在观津的一个水塘中不幸淹死。为了纪念父亲,窦猗房当了皇后之后,便诏令填平了那个水塘,在上面堆起一座高十丈、周三里的家墓。墓的南半坡上建立了祠堂,祠堂前立了碑,碑上写着"窦氏青山"四个隶字。此举震动朝野,齐鲁燕赵等地前来祭拜的人络绎不绝。

窦太后喜好黄老之学,在政治上支持黄老学派,影响的人包括皇帝、太子和大臣等,他们不得不读《黄帝》《老子》,尊崇其术。她有权有势,凡是反对黄老之术的人都被她排斥,丞相窦婴、田蚡、赵绾、王臧等因崇尚儒学,先后被她罢了官。推崇儒术的辕固生与她辩论儒、道两家的优势,也被她扔进猪圈,差点被猪咬死。

董仲舒作为儒学传人,与窦太后"道不同",为什么还去祭拜"窦氏青山"呢?他们其实是去搜集有关窦太后的逸闻,了解当地百姓的心态,以丰富自己的学识。

"王爷来得不巧,"董仲舒的父亲告诉献王,"犬子前几天去往观津,至今还没有回来。"

听说董仲舒几人还在观津,献王就命令车队马上启程,连夜前往观津。献王刘德等人抵达观津的"窦氏青山"之后,先去了祠堂凭吊。这次碰巧的很,随献王而来的毛苌在祠堂外面远远就看见了董仲舒。说明来意之后,董仲舒十分惊喜,慨然应允。

公孙弘想趁机结交献王,求董仲舒引荐说情,一同去河间,但是被献王拒绝了。

献王刘德说:"学春秋公羊学的人不少,但都不如董仲舒,本王寻求的是凤凰啊!"公孙弘碰了一鼻子灰,悻悻地离去了。

当时的河间国都在后来献县东南的河城街,距离广川不过二三百里。君子馆在城北街,和衙署、王府成三角形。馆内房屋数百间,按《诗》《书》《礼》《易》《春秋》分为五个建筑群,招来的五经博士分居其中。

馆的中央高筑讲经台,台上有厅堂回廊,四周有石砌玉阶。下面花木丛丛,凉亭座座。到台上讲经的人分为两类,一类是常住博士,像毛苌等人,除了搞学问的,大多数还兼有官职;另一类就是被临时邀请来讲学的,是献王刘德的座上宾,众人都会高看一眼。

董仲舒显然是属于第二类。这类讲经的人来河间后一般有三项大的活动。一是先到王府向刘德亮底,名义上是切磋,实际上是考问;二是登讲经台向众博士及河间学子名流系统阐述自己所治的学问;三是回答众人任意提出的问题。

献王王府森严,曲径回廊,庭院九进。数十间书房内,竹帛堆积如山。因为献王平易近人,董仲舒并没有感到拘束。两人的交谈,先以"窦氏青山"为话题。

董仲舒传

献王问董仲舒:"皇后是尊崇黄老之学的,为自己的父亲修了这么高大的坟墓,你从儒学的角度怎么看呢?"董仲舒说:

在黄帝之前,人死后用柴薪盖住埋在地下,不作坟丘,也不栽树。黄帝首先使用棺椁,但丘垅较小。尧、舜、禹葬后,也没有大肆营造坟墓。可见,黄老之道并不主张厚葬。

至于儒家,孔子的母亲去世后葬于防山,据记载古墓只埋作丘坟的形状,其丘高四尺。后来被雨水冲毁,弟子重修,孔圣人听到后哭着说:"吾闻之,古者不修墓。"看来儒家也不主张厚葬。奢侈的葬仪是从秦始皇开始的。

始皇帝葬于骊山之阿,墓高五十多丈,周围五里之余,里面以方石砌建宫殿,奇珍异宝,数不胜数。

刘德又问:"皇后修'窦氏青山'的举动到底该怎样评价呢?"董仲舒回答:

就治国安邦而言,皇后此举,功莫大焉。父死而厚葬,使天下人都重一个"孝"字,以"孝"治国,意义十分深远的。

献王点头称是,便将话题转到"孝"字上来,问董仲舒:"《孝经》中,夫孝,天之经,地之义,是什么意思呢?"

董仲舒用五行之说来回答。用五行作为准则来推解和分析社会、自然中的各种关联,是董仲舒研究《春秋》的独特心得。他的著作中,关于五行的文章占了很大比重,例如《五行对》《五行之义》《五行相胜》《五行相生》《五行顺逆》《治水五行》《治乱五行》《五行五事》《五行变救》,等等。

董仲舒讲了五行的相关知识,接着向献王说道:

> 同样的道理,父子之间也有这种生、长和养的关系。抚养和教育子女是父母的天职,子女们都是奉行或继承其父辈的事业,不敢不顺从父母的意志,这是做人的根本道理,也是符合天道的。所以说,孝是天之经。

献王表示赞同,又问:"地之义又该如何解呢?"董仲

舒回答道：

> 风雨是从地上形成的，地出云为雨，起气为风。但地从不为此而争功，总将此归功于天。人们也总讲天风天雨，不讲地风地雨。这是说，勤劳在地而功劳在天。子女侍奉父母，就像地侍奉天一样。五行之中，土由火生，但不与火争功名。孝子之行，实际上是由土而来。所以说，孝是地之义。

"好！好！"献王连连称是。又问了许多问题，他对董仲舒的回答大为满意。最后叹道："君真奇才，堪与留侯相左。"他是在说董仲舒可以比得上张良张子房。

一个晴朗的日子，秋风微拂，董仲舒登上了讲经台。面对众目睽睽的学子，开始讲春秋公羊学。他将一万六千多字的《春秋》，一边背诵一边举例说明《春秋公羊传》与《春秋谷梁传》《春秋左传》的不同，之后细细阐述了微言大义。一连十天，座无虚席。

大家都为董仲舒的仪表、举止、口才、思辨能力所吸引，常常发出赞叹的声音。讲经之后，各位博士海阔天空接连提出很多问题，请董仲舒解答。

《诗》学大师毛苌第一个问道:

君言《春秋》反对战争,而《诗》中有些篇目反映出百姓群众有时是拥护战争的。比如《秦风·无衣》:"王于兴师,修我甲兵,与子偕行。"说明百姓自愿积极参战。《诗》也是孔圣人删定的,对战争的这种态度,应该怎么解释呢?

董仲舒回答道:

既然是《秦风》,就应该是秦国的百姓所吟诵的。秦国地处关西,经常受到蛮夷的侵扰,百姓深受其害。秦国与蛮夷作战,是为了保卫国土,是正义的战争。《春秋》拥护正义战争,反对非正义战争,这与孔圣人对战争的态度并不矛盾。

毛苌又问:"可是,孟子曾说'春秋无义战',这又该如何解释呢?"董仲舒说:

《春秋》所记载的战争有四百多起,而正义战争只有寥寥数起而已。一亩地里长满杂草只有几棵庄稼,我们完全可以说它是荒地,一座山上虽然有几丛荆

棘，也完全可以称之为秃山。

毛苌点头赞同，再问道："依君所见，四家诗学，哪家优哪家劣呢？"

当时研究《诗经》的学派有四家：

鲁诗，代表人物是申培；齐诗，代表人物是辕固生；韩诗，代表人物是韩婴；毛诗，代表人物是毛亨。毛苌师承毛亨，实际上是毛诗学派的代表。

这样的问题十分尖锐，毛苌之所以提出，是因为他想试探董仲舒的秉性和胆量。如果董仲舒是阿谀奉承胆小怕事的人，就会和稀泥，说四家都好，反之则会直言。

对于这个敏感的问题，董仲舒想了想，回答道：

尺有所短，寸有所长。四家诗学，各有千秋，也各有流弊。齐诗接近于占卜，毛诗偏重于政论，鲁诗失于活，韩诗疏于谨。

董仲舒的回答出乎众人的意料，讲经台下顿时一片哗然，毛苌哑口无言，生出由衷的敬意。

之后,梁国学士顾仲子、吴国学士范季子、楚国学士方伯里、江都学士季夏、胶东学士高车等数十人,又先后从《书》《礼》《易》《乐》等典籍中挖掘出一些问题来提问,董仲舒都逐一沉稳地作答,众人无不折服。

这次河间讲学,历时一月有余,董仲舒名声大噪。分别时,献王刘德赐董仲舒黄金百两、绢帛十匹、竹简千片,并商议在董仲舒故里修建讲学堂的事情。

被授予公羊学博士

公元前157年,汉景帝即位。景帝非常推崇文帝的德治,甚至认为汉文帝是汉朝以来最完美的一位皇帝。他深深地感觉自己无法与汉文帝相比,所以,汉景帝决定承袭汉文帝的治国方略。

汉景帝以道家"文简而易操,事少而功多"的精神作为自己的治国原则。所以汉景帝所有推行的政治、经济以及相关文化的治理方针,无非都是对汉文帝无为而治思想的进一步具体落实。

董仲舒传

汉景帝在国内推行黄老无为而治的思想,同时,他尊重天下所有成功的读书人。所以,天下志士贤人如鱼得水,尽力尽心地去钻研自己的学问,希望能够为国所用。这是中国自古至今所有读书人的所求。

汉景帝即位之后,对赵国的行政设置做了改动。他任命王子刘彭祖为广川王。彭祖到任后不久,就把董仲舒作为春秋公羊学方面的专家,推荐给了汉景帝,以便任用。齐国差不多在这个时候将胡毋生推荐给了汉景帝。

董仲舒和胡毋生两个人同是春秋公羊学方面的专家,虽然汉景帝对春秋公羊学不是很了解,但是作为对知识分子的尊重,汉景帝还是同时授予他们为春秋公羊学的博士。

董仲舒和胡毋生被授予博士之后,自然很高兴。这是他们被社会接受和承认的喜悦,也是他们自己努力的成功。

汉景帝时的博士官大多是空头衔,他们都只能"具官待进",也就是等待皇帝的任用。他们就像后来那些只有职称而没有职位的人一样,靠着十分微薄的薪水维持生活。生活清苦,没有钱财倒是小事,但是,对于有上进心的思想

家来说,无所事事是最令他们难受的。思想来源于日新月异的生活,无所为就会远离生活实践,远离生活实践,思想就会枯竭。

汉景帝时期对读书人采取这种对策的原因,主要是社会意识形态的重点在黄老之学上。所以,其他学科的博士根本不会被皇帝真正任用。

胡毋生在京城住了一段时间之后,因为生活无聊,又无所事事,精神十分疲乏。有一天,他突发奇想:算了,回家去吧!总这样待下去也不是回事儿啊!

胡毋生当时虽然年龄已经大了,但这对于刚刚取得功名不久而且还没有荣耀的人来说是万不得已的,他做出这样的决定是很不容易的。

胡毋就无奈地对董仲舒说:"我这把老骨头不能再等下去了,再等下去我就要被烤干了。我想回家后找点事做做,如果再不回去,我这满脑子的公羊春秋之学就要失传了。"

胡毋生匆匆地离京返乡了。董仲舒一个人在京城待着很是无聊。胡毋生在的时候,他们两个人还能经常游学访谈,讨论公羊春秋学问。

董仲舒想想政治现状、社会意识形态的偏向，再想想家里这几十年来的状况，便也坐不住那博士的官位了，就等不得皇帝任用了。他也离开京城，打道回府了。

在家乡潜心教学

董仲舒又回到了自己的家乡董家庄。他已经不是第一次离家、回家，自然能够体会到家的含义，家永远是一个宁静的港湾，经过惊涛骇浪的人最能体会港湾的宁静与温馨。

董仲舒多年来经常游学在外，对家中的事情关心得太少，心中很是内疚。年迈的父母对自己有养育之恩，而今却仍然在为自己及自己的小家庭操劳。妻子赡养老人，抚育子女，也十分辛苦。董仲舒觉得自己对子女不够关心，这是他作为父亲的失职。

董仲舒心中企求这一次能够在家中多待些时日，侍奉父母，以尽自己的一份孝心。同时，还要给家人讲讲京城长安的气派和所遇的趣事、所听的趣闻，以共享生活中的快乐。

董仲舒取得博士后的官俸是很微薄的。但他家广有田产、家财丰厚，所以并不在乎这点儿俸薪。他的家中有很多藏书，这是他的启蒙读物，也是他从小喜欢《春秋》的根本原因。人的志向往往是从小就受环境影响而形成的。

董仲舒居家期间，充分享受着家庭的温馨。他除了尽一些自己需要尽的义务之外，就是整理那些古书，浏览翻阅。同时，他尽一份做父亲的责任，教育子女们要努力用功，以报效国家。

董仲舒的教育和熏陶是有成效的。他的子孙后来都靠自己的努力，得到了皇帝的赏识，被授予官职。当然，这是后话。

董仲舒并不是那种贪图享乐、玩物丧志的人。他居家期间确实享受到了寒窗苦读时无法体会到的天伦之乐。然而，他的心中仍然惦记着博士官，觉得该为国家做点儿事情。

之后，董仲舒重操旧业，收徒讲经。实际上，他刚返乡就有许多人来向他探求儒家典籍中的要旨。他虽然逐一对他们加以指导，但那些都是零碎的、不成体系的。所以，

董仲舒传

他决定正式收徒讲学,教授给学生们系统的儒学春秋经传中的理论。

董仲舒考虑到董家庄地理位置偏僻,交通不方便,同时他还考虑到能使父母晚年过得幸福、美满一些,使子女们能够有一个较为优裕的读书环境。于是,他决定举家迁到十里长村。

董仲舒家迁出董家庄之后,庄上的其他住户,或慕董仲舒的名声,或是因为同为一个家族谱系,都随着董家迁到十里长村。董仲舒在十里长村正式收徒讲经。慕其声名来求学的读书人络绎不绝,源源不断。

学生随到随学。刚开始的时候,董仲舒时常不得不在露天广场上授课。很多学生在受到他的指点之后,都学有成就。

董仲舒在教学过程中发现有些学生聪明过人,领悟得很快,并且辩才很卓越。董仲舒收徒讲经之后,真正潜心研究经典典籍的时间相对来说少了很多。董仲舒想对当时老师单纯讲经授旨的授课方法进行改进。

董仲舒认为,教育应该以学生为主体,应充分发挥学生学习的积极性和主动性,而这就需要学生自己能够将学到的知识讲解出来。于是他采用了"以久次相授业"的教学方法。

"久次",就是学生年级的高低。"以久次相授业",其实就是让高年级中成绩优秀的学生去教授低年级的学生。董仲舒再对低年级中的好学生传授知识,以便他们能够教授更低年级的学生。这样一来,真正直接听董仲舒讲课的只有少数的优秀生。许多学生虽然已经完成学业,但没有见过董仲舒一面。

这种教育方式一方面减轻了董仲舒的讲授负担,减少了他的讲授时间;另一方面极大地提高了高年级学生学习的积极性,因为高年级的学生为了能够更好地讲授所学课程,会主动自觉地提高对自己的要求,使他们取得更好的学习效果。

董仲舒在对优秀的学生讲解经典时,十分注意学生的天资和品性,他将这称之为才性。他认为人的才性是与生俱来的,老师要针对学生不同的性情施以不同的教育。

董仲舒还认为,学生学习时的性情倾向特别重要,老师应该注意学生学习时性情的变化和转移。当学生对某个领域的问题十分感兴趣时,老师要尽力去培养这种兴趣;

董仲舒传

而当学生已经厌烦某种说教和操作时,老师不要强求学生学习。

对于不同天分的学生,老师要从容地引导,要不急不躁地施教。他认为作为一个好老师,既要完美地讲清大道之要,还要谨慎注意自己在教育过程中的一举一动。

对学生的教育机会要适时,数量需要适宜,速度需要适中;同时,教育学生急躁不得,考核学生不能够太难;要尽力让学生花较少的时间,学习更多的知识;又要教育学生,要想成就大业,就必须付出艰辛的努力,必须踏实学习。

总之,教育应该以学生为核心,应根据学生自身的情况,充分发挥学生的特长,因材施教。

董仲舒十分注重教师的形象。他认为,教师既然为人师表,就应该遵循儒家礼义的要求,从而规范自己的言行。教师要严于责己而宽以待人,要攻己之恶而不可攻人之恶;要经常自我反省,认识自己的缺点,不要总盯着别人的错误;要以"礼"正我,"非礼而不定,非礼而不动"。

在学生面前,不符合儒家礼义规定的行为董仲舒从来不做。他认为礼对于每个人来说都很重要。董仲舒的品行深受当时人们的尊敬,年轻人和学生们都崇拜他、效仿他。

董仲舒的言行举止是历史的典范,如果我们简单地套用董仲舒的言论来规范当代社会中的年轻人,自然是不合时宜的。

然而,董仲舒对教师职业道德的要求,对任何时代的教师都适用。现今的老师一样要为人师表。时代不同,但老师这个职业的性质相同,对这一职业的道德要求也是一样的。

董仲舒在家乡教过书,后来到长安后教过书。其教学水平之高,一般先生都难望其项背,所以后人称董仲舒是中国古代著名的哲学家和教育家。

董仲舒一生中培养的学生很多,而且多数都很有才学。他的威望越来越高,学生遍布各地,广川有,齐鲁、燕赵等地都有,可谓桃李满天下。他的学生有许多人功成名就,成为了国家的栋梁。

董子春秋繁露

第三章 坎坷仕途

漢 董仲舒 著
明 陸雲龍 校

楚莊王

春秋尊禮而重信信重于地禮尊于物大者也得一編而博達之觀其是非可以得其正法觀其溫醉可以知其塞怨是故于外道而不顯于內高而不隱于尊亦然于賢亦然此其別內外差賢不肖而等尊卑也義不訕上智不危身故遠者以義諱

在殿堂的精彩对策

董仲舒在家乡教授生徒,以钻研学术为乐,过着一种平静的、而他人看起来比较刻板的生活。可惜,他这种平静的生活,不久就被朝廷实行的荐举人才的政策给打破了。

公元前141年,汉武帝刘彻即位。汉武帝即位之后,做的第一件事情就显示出他与先辈们不一样。他首创年号,称为"建元",即位第一年称为"建元元年",这在历史上是第一次。

汉武帝临政之后向全国发出通令,要求丞相、御史、列侯、诸侯等,向中央推荐贤良方正直言的极谏之士。

董仲舒渊博的学识和正直的品德自然被地方官府注意到了,因而他受到了广川郡官府的荐举。不得已,董仲舒只好关闭了自己开办的学堂,解散了来自全国各地的弟子,告别亲友,离开家乡,前往长安应举。

汉朝对应举的贤良文学之士的待遇非常优厚。朝廷特别命令地方的官府给应举之士提供马车,让他们十分舒

董仲舒传

服、无忧无虑地来到首都长安,接受皇帝的召见。因此,能被官府荐举在当时是一件荣耀无比而令人羡慕的事情。但是董仲舒对此看得很平常,他觉得这并没有什么了不起的。尽管如此,他也很郑重。

董仲舒坐着官府提供的马车,在路上一边走一边根据自己对汉朝建国几十年来的社会实际的考察,考虑应该给即位不久的皇帝提出一些什么样的建议。

董仲舒以贤良而被征召,继而声名大振。他在所有被推荐的贤良中排在第一位,考试的结果令人十分满意。汉武帝对于天下有如此奇才似乎有些不相信,或是觉得他与董仲舒很投机缘,所以特地给他加试了两场。这是一份荣耀,全国成百的贤良文学之士唯有董仲舒享此殊荣。

没过多久,董仲舒就被汉武帝召见了。汉武帝早就听说董仲舒学识过人。此时,董仲舒就在他的面前,准备应对自己的询问,他自然是喜上眉梢。

在行过君臣之礼后,汉武帝对董仲舒说:

朕自登位以来,深感作为一国之君是非常不容易的。朕忧虑国家大事,常常夜不能寐。所以,特意延请天下杰出的才士,向他们请教治国安民的方略。先生是这次应举贤良诸人中杰出的佼佼者,精通圣人相传的王道学问,朕愿洗耳恭听先生的要言妙道,希望先生不吝赐教。

董仲舒清了清自己的喉咙,回答道:

陛下天纵圣明,非愚臣所及。臣根据孔夫子的《春秋》所记载的以前已经发生的历史事实,谨作以下回答:在《春秋》这部著作里,夫子记述的天与人之间的事,是很让人害怕的。

接着,他阐述了自己的观点:

如果一个人君出现了不合王道的悖乱行为,上天就一定会降下灾害来谴责这个人君;如果这个人君不知道反省自己,那么,上天就会发出一些怪异的现象来警告他;如果这个人君依旧不知为自己的行为悔改,那么,上天就会抛弃他。可见,上苍是很爱护人君并努力制止人君悖乱的行为。

如果不是末世来临,上苍总是会想尽全力扶持和保护人君的。关键是人君自己要不断地学习,提高自

己的德性，奉行古圣先贤一贯提倡的王道。因此，治乱兴衰主要还是在于人君自己。

愚臣听说一个人天命所归，上苍总会显示出一些神异的符瑞。《尚书·泰誓篇》说："白鱼跳进周武王的船里；天火突然落在王屋山上，变为一只鸟。"这些奇异的现象，就是受命的符瑞。

所以，孔圣人说："一个有德行的人，是不会孤立无援的，他一定会获得上苍或是他人的帮助，这都是积累德行所致。到了末世，人君丧德败行，骄奢淫逸，上苍就不会再帮助他了。"因此，灾乱纷生，天下动荡不安，这样，距离亡国就不远了。

《春秋》探求国家的根本，从高贵的人开始。所以，作为一国的君主，要从端正自己的心灵开始。人君端正了自己的心灵，就是端正了朝廷；端正了朝廷，就是端正了百官；端正了百官，就是端正了天下的老百姓。这样，整个天下充满了正气，就不会有奸邪之气的藏身之处了。

现在陛下贵为天子，拥有四海的财富，聪明仁惠，好贤爱民，可以称得上是圣主了。可是，天地不和，没有祥瑞的出现,是什么原因呢?愚臣认为,是因为没有实行教化,没有端正天下老百姓的心灵。

老百姓追求私利,就好像水向低处流一样。如果不用教化去限制他们,他们就会没完没了。因此,如果施行了教化,为谋求私利而作奸犯科的事就不会发生了。

反之,如果教化废止了,奸邪之徒就会横行天下,无论陛下用怎样的严刑酷法进行防范,都是防不胜防的。会这样是没有教化的缘故。所以,古代的圣王深懂这个道理,他们治理天下,没有不把教化天下放在首要之位的。

他们在京城设立大学,在县邑设立学校,通过教育,用仁义教化天下的老百姓。因此,虽然当时的刑罚很轻,可是没有人触犯刑法。这是为什么呢?因为施行了教化,社会的风俗变得纯美了。

秦朝为什么仅二世就灭亡了呢?这是因为秦朝重用刑罚,不施行仁义教化。秦朝虽然灭亡了,但是秦朝种下的祸根并没有消除,诈伪浇薄的社会风气在当今依旧盛行。就像琴瑟,如果丝弦发出的音调不和谐,

董仲舒传

琴师们一定会卸下丝弦重新安装,琴瑟才可以弹奏。

如果国家的社会秩序出现了混乱,只有变更了制度,国家才可以治理。如果一个国家的制度应该变更却不变更,即使像尧舜那样的大圣大贤,都不可能把它治理好。

大汉取得天下以来,历经了数代君主。这些先帝们一直想把天下治理好,可是一直没有把天下治理好,这是为什么呢?这是因为应当更改国家制度的时候,却没有把国家的制度进行更改。所以,当务之急,应当变更现行的制度,施行儒家的教化。

董仲舒的这一番长篇大论,让汉武帝感到十分新奇,因为这些观点,他从来不曾听说过。汉武帝沉思了一会儿,又向董仲舒提出了另外一个问题:

朕听说虞舜的时候,舜并不曾劳碌,可天下很太平。周文王不到日头偏西,就没有工夫吃饭,他的国家也政通人和,社会秩序井然。难道帝王的治国方略不应该是一样的吗?为什么有劳逸的不同呢?

汉武帝提出的这个问题很尖锐,触及了儒家学说中不同治国方略的要害。董仲舒的回答仍然很从容。他说:

> 愚臣听说尧禀受天命为帝,他并不以登上帝王的宝座而高兴,却忧虑天下的老百姓。他赶走、处死身边的奸邪之徒,访求贤能的才士。因此,他得到了舜、禹、稷、皋陶等德才兼备的贤士。这些人辅佐着他,以教化为主,天下和治,老百姓都能够安居乐业。尧在位七十年后,把帝位禅让给虞舜。
>
> 尧死后,舜登上天子之位。他袭用尧选拔的辅佐大臣比如稷、皋陶等人,以夏禹为丞相,因此,他清静无为,天下依旧治理得很好。为什么他能无为而治呢?因为他有禹、稷、皋陶等贤能之士的辅佐。
>
> 到了殷纣王的时候,纣王逆天行事,屠杀贤能的才士,摧残天下的老百姓。人们纷纷离开纣王,投奔周文王。这时候纣王依然在位,社会一片混乱,老百姓四处流亡,文王为此悲伤不已,想方设法,安顿老百姓,所以,他不忙碌到太阳西下,就没有空闲吃饭。由此看来,帝王治理天下的条规是一样的,之所以有劳逸的不同,是因为他们各自处在不同的时代。

董仲舒传

可什么是他们治理天下共同的条规呢？依愚臣的浅见，这共同的条规是把教化天下的老百姓放在众多事务的第一位。常言道得好："玉不琢，不成器。"君子不加强学习，就不能够养成良好的品德。

古代的圣王治理天下，是很注意教化的。他们让老百姓从很小的时候起，就从事学习。等到老百姓长大成人了，就根据他们的才能，授予他们不同的官职。这样，以爵禄培养他们的德行，以刑罚警戒他们不要犯罪。

成、康之时，监狱里四十多年没有犯人，是由于教化逐渐发挥了作用，形成了纯美的风俗。秦朝不施行教化，仅二世而亡。这一历史事实，反证了施行教化是何等的重要。

要想施行教化，必须要有贤士。现在陛下登基，四海之内，没有不臣服的。陛下早起晚睡，操劳国事，效法古代的圣王，致力于寻求贤能的才士，这种用心，不亚于尧舜等古代圣君。

可陛下没有能够寻求到贤才，是什么缘故呢？依愚臣看来，是国家多年来没有养士造成的。国家向来不曾养士,却希望能寻求到贤才,这好比是不雕琢宝玉,却盼望宝玉上有美丽的花纹一样。

所以,要想达到天下的政通人和,国家必须养士。要养士,没有比设立太学更重要的了。太学,是贤士的摇篮,施行教化的根本。因此,愚臣希望陛下能够兴建太学,延请明师,蓄养天下的才士。对他们进行考察,量才任用。

现今国家的官僚体制,存在着很大的问题。那些长吏大多出自郎中、中郎,俸禄两千石以上的高官的子弟,可以被选用为郎吏。他们之所以能被选用为郎吏,凭借的是财富,而不是他们自己的才能。

古代所谓的功业,以做官是否称职进行区别,并不是依靠资历的深浅。那些才能一般的人,虽然资历很深,却只能做小官。那些才华出众的人,虽然资历很浅,却并不妨碍他们成为辅佐大臣。所以,古代的各级官员都殚精竭虑做好自己的工作,表现自己的才能。

如今却不是这样的。凭借资历,来求取富贵,日子混久了自然可以做到高官。愚贤不分,廉耻混乱,每个人的官位与他们的才能大多不相符合,这显然是不正

董仲舒传

常的。

因此,愚臣以为:陛下应下诏给各地的列侯、郡守和俸禄两千石以上的官员,要求他们选拔老百姓中贤能的才士,每年送两位才士给朝廷。用这些才士鉴别大臣的能力,被选拔到朝廷的人,果真才华出众,那就给予选拔的官员赏赐。而被选拔到朝廷的人,才能平庸,那选拔的官员就应该受罚。

如果能做到这样的话,那些俸禄两千石以上的官员就一定会很认真地去访求贤才,天下有才能的贤士就都可以得到陛下的任用。天下的贤士能被陛下任用,那么,想使天下成为尧舜那样的太平盛世便有极大的可能。所以,愚臣恳切地希望陛下不要论资排辈,而要考察一个人是否真的有才能,对他量才任用,根据他的德行来确定他的官位。这样,人们就知道了廉耻,区分开了贤愚,天下纯美的风俗也就养成了。

董仲舒侃侃而谈,他的这些建议显然让汉武帝感到十分满意。汉武帝觉得董仲舒有些累了,就让董仲舒回到寓所里休息,改天再见。可是,他仍然忍不住想要问董仲舒其

他一些问题,便起草了一份诏书,派内侍送给董仲舒。皇帝在诏书中说:

> 朕曾听说:"善于谈论天道的人,一定会以人间的事实作为验证;善于谈论古代的人,一定会以现今的事实进行验证。先生既然通晓阴阳家的学说,又精通古圣先贤的道业,是否对朕谈谈天人之际和夏商周三代道业异同方面的问题呢?朕愿意虚心向先生求教。希望先生不要嫌弃朕资质愚陋,不堪承教。"

接到汉武帝的诏书,董仲舒不禁陷入了深思之中。经过一番反复思索,他在给汉武帝的奏章上写下了这样的话:

> 愚臣听说,天是万物之祖。天能包容一切,无论是日月风雨,还是阴阳寒暑,都笼罩在天的范围之内。天底下的万事万物,都有各自运行的规律。所以,圣人法天立道,博爱无私,以礼义仁德教化天下的老百姓。
>
> 春天,是萌生的季节,就好比仁义是君主所珍爱的一样;夏天,是滋长的季节,就好比君主护持自己的美德一样;秋霜,是天的杀戮,就好比君主用刑罚惩处

董仲舒传

罪犯一样。由此看来,天人相应,是古今的通道。

天的意志,就是通常所说的"命",而"命"如果不依赖圣人是不能被奉行的。没有经过雕琢的原始状态,就是通常所说的"德性",而"德性"如果不经过教化,是不能够造就的。人的欲望就是通常人们所说的"情",而"情"如果不加以限制,就会放任自流,将对社会造成危害。

因此,人君首先应该承顺天意,听从天的命令。其次应该致力于教化天下的老百姓,造就老百姓良好的德性。再次,提倡礼义,分别尊卑的次序,对过分的欲望实行控制。如果能做到这三点,治理天下就会纲举目张。

现今的社会,如果不修仁义道德,不对老百姓进行教化,那么小民百姓不讲道德,不控制自己过分的欲望,他们往往会为了争夺财利而拼命。所以,他们常常犯罪,监狱里一年关押的囚犯成千上万。可见,古代的教化不可不在当今施行。

根据典籍的记载,愚臣认为:夏商周三代奉行的道业各有不同,并不是在本质上有区别,而是随着时

光的推移，世事也会随之改变，他们只是针对各自面临的社会现实罢了。孔子说："无为而治，也许只有舜能够做到吧！"

舜登上天子之位以后，只不过改变了纪年，变更了服饰，顺应天命罢了，其余一切，他都保持尧活在世上的原状，没作任何的改变。所以，贤明的君王，只不过改换名称，并不改变治理天下的根本原则。然而，我们也应该注意到，夏朝崇尚忠信，商朝崇尚敬奉上苍，周朝崇尚人与人之间讲究礼让。

夏商周三代会有这些方面的不同，是因为他们根据各自的社会需要，采用了不同的政策。因此，孔子说：商朝对夏朝制度的继承，其间的损益我们是可以知道的；周朝对商朝制度的继承，其间的损益我们也是可以知道的。如果有某一个朝代继周朝而起，即使相隔了百世，其间的损益我们还是可以推知的。

夏朝因袭虞朝，孔子却没有提及它的损益，这是什么缘故呢？这是因为夏朝与虞朝是一脉相传，没有任何改变。治理天下的大道源出于天，天不变，治理天下的大道也不会发生改变。

董仲舒传

　　因此,大禹继承自虞舜,虞舜继承自唐尧,这三朝依次传承,恪守一向奉行的制度,不作改变,是因为当时的社会没有弊病,不需要实行拯救时弊的政策。所以,孔子就不提及这三朝的损益。

　　由此看来,继承自治世,治理天下的大道不需要改变,而继承自乱世,则治理天下的大道就必须改变了。现今大汉继承自秦朝的大乱世之后,治理天下的政策不得不加以改变了。

　　陛下现今让地方官员荐举贤良方正的才士,务求天下长治久安,的确是泽及子孙的盛举。愚臣在这里只不过是陈述自己所听到的,背诵自己所学到的,谨守各位老师对愚臣的教诲罢了。至于讨论政事的得失,天下的利弊,那是辅佐大臣、三公九卿的职责,不是愚臣敢妄言的了。

　　不过,愚臣感到奇怪的是,既然古时候的天下就是现今的天下,现今的天下也就是古时候的天下,同是这样的一个天下,为什么古时候风俗淳美,上下和睦,不令而行,不禁而止呢?

　　而如今的天下却为什么与古时候相差那么远呢?

是不是因为我们现今治理天下的方针政策与古时候不同,违背了天意,出现了失误和差错所造成的呢?这显然是值得深思的。

上苍对世上的万物都是十分公平的。他赋予了某一走兽尖利的牙齿,就不会再让它的头上长出角来。他赋予了鸟类两张翅膀,所以就让它只有两只脚。这就是受之于天的多了,就不能再获得分外的东西。

古代给官员提供的俸禄,使他们不再需要耕田、经商,便能维持很好的生活。如果受之于天的已够多,却又要去追求微利,即使上苍也无法使他们满足,更何况是人呢?所以,当今的小民百姓怨声载道,常常感到不满足。

为什么会出现这种情形呢?因为那些高官厚禄的人,拿着朝廷俸禄,本来就足够生活的了,可他们贪得无厌,凭借自己的富贵,同小民百姓们争夺财利。小民百姓哪里能够比得上他们呢?那些豪强之家,拼命地扩充自己的财产,增加自己的奴仆牛羊,一味地盘剥小民百姓,掠夺他们十分有限的财产。

小民百姓一天比一天穷苦,最后他们一贫如洗。

董仲舒传

豪强之家聚敛的财富一天比一天多,生活变得越来越骄奢淫逸,可是小民百姓却日益穷困愁苦。小民百姓日益穷困愁苦,朝廷却没有想办法拯救他们,那么,他们就会感到求生无望,就不怕死了,死尚且都不害怕,更何况是刑罚呢?因此,他们铤而走险,揭竿而起,就是很自然的事情了。

所以,那些接受朝廷俸禄的人,享用朝廷的俸禄就已很足够了,不应该再与小民百姓争夺财产利益。这样,天下的利益可以平均地分配,小民百姓就会丰衣足食,安居乐业了。这是上天的自然之理,太古时期治理天下的大道,天子应该取法,士大夫也应该身体力行。

天子和士大夫都是小民百姓学习的榜样。上梁不正下梁歪。一个居在贤人之位的人,怎么能够像小民百姓那样去追求个人财利呢?忙忙碌碌地追求财利,常常害怕不能满足自己的需要,是小民百姓整天应该考虑的。忙忙碌碌,常常担心不能以仁义教化天下的小民百姓,这才应该是士大夫每天思量的。

《易经》上说:"乘坐着车子,又挑担子,一定会招

致强盗的到来。"本来乘坐车子是君子的行为,挑担子是小民百姓的事务。《易经》上这句话的意思是说居于君子之位的人,如果去做小民百姓的事,就会给自己带来灾祸。日常生活中的许多事实,也充分地验证了这个道理。

《春秋》这部经典主张大一统,一切的权力归于天子。这是古往今来共通的道理。可当今之世,许多人不效法儒家的正道,人们谈论的也不是仁义道德,各家有各家的主张,意见不一。所以,朝廷不能做到一统。国家的政策变来变去,官吏和小民百姓不知道如何遵守,这是十分不利于大一统的。

所以,愚臣认为:凡是与六经和孔子的思想不同的学术,都应该被禁止。如果能够实行这一政策的话,全国上下就没有了异端邪说,就会形成真正意义上的大一统,国家的政策、制度也就有了一致性,天下的老百姓就知道该如何遵从了。

董仲舒陈说得痛快淋漓,他极力发挥了自己的儒学思想。他的这份奏对被送到汉武帝的御案上,很快引起了汉

董仲舒传

武帝的注意。汉武帝把董仲舒的这份对策反复看了几遍,觉得董仲舒的这些意见击中了社会现实的要害。

汉武帝想,他应该如何任用董仲舒呢?他忽然想起了自己的哥哥,也就是江都的易王。不如让董仲舒去做自己哥哥的国相,用他的学说影响自己的哥哥,使哥哥尊崇朝廷,不再做违法乱纪的事情,消除哥哥不利于国家的念头。主意打定之后,汉武帝就派内侍传旨给董仲舒,准备第二天召见他。

出任江都国相

第二天上午,汉武帝派内侍把董仲舒领到宫中,在一所偏殿里接见了董仲舒。赐座之后,汉武帝对董仲舒说:"先生的对策实在妙极了,朕反复地研究过。本想把先生留在朕的身边,好早晚聆听先生的教诲。可是,朕的一个哥哥江都王刘非,他那里缺少一个国相。朕打算派先生出任江都国相,不知先生意下如何呢?"

董仲舒想了想,江都是个好地方,而且距离自己的家乡广川不算很远。皇上虽然说是打算,实际上他早就已经决定好了,自己没有拒绝的理由。

于是,董仲舒向汉武帝奏道:"谢谢陛下对愚臣的信任,愚臣愿意接受陛下的任命,前往江都赴任,必当鞠躬尽瘁,报答陛下的知遇之恩。"

董仲舒的表态,很令汉武帝高兴。他向董仲舒详细地介绍了自己的这位哥哥,并叮嘱了一些注意事项。这次君臣会见就这样结束了。

董仲舒告别了长安的一些朋友,坐着朝廷给他准备的马车,从长安向江都出发了。

俗话说,上有天堂,下有苏杭。此言不虚。苏州城外有灵岩、天平和虎丘等名山。还有闻名中外的西园古刹等,再加上街巷小桥流水,绿树成荫,使人有如临仙境之感。江都国都府就在离苏杭二州不远的扬州城。扬州距苏杭二州非常近,坐马车一天就能赶到。

汉武帝元光元年(前134年)七月,董仲舒在任江都国相之前,京城长安下了一场冰雹,砸坏了许多财物和庄稼。人们十分恐慌,无法理解老天爷的行为,以为与董仲舒所说的阴阳灾异有关。

有人联想到建元六年(前135年)发生的两桩事。二月,辽东高帝庙失火;四月,高园便殿又失火。这本来有自然的因素,也可能有人为因素在其中;但因为与皇家有关,就多出了几许困惑和关注。

有人将自然灾害与社会政治联系起来。人们对不能解释的自然现象,常常用因果关系来推敲。人们由因果思维而推出的对某事的结论总很容易被他人所接受,这就是中国传统观念中特有的现象,即使是皇帝也不例外。对建元六年的灾异现象,汉武帝只得以素服五日的方式做心理安慰。

江都的建置,最早是在吴王夫差时。公元前486年,吴王夫差选中此处,修筑邗城,开邗沟北连淮水,争霸中原。当时邗城雄踞江口,称之为"广陵"。

西汉立国后,汉高祖刘邦将广陵归荆州管。高祖十一年(前196年),又将它划归吴国。汉景帝四年(前153年),汉景帝将广陵更名为"江都",建置江都国。同年六月,汉景帝调汝南王刘非为江都王。

烟柳繁华的扬州城里,有一条曲曲弯弯的小巷。小巷里有个极为幽静的四合院。四合院里住着刚刚从长安千里迢迢赶来的当代鸿儒董仲舒。

江都易王的情况,董仲舒在长安时就有所耳闻,知道他脾气暴躁,杀人成性。本来不想出任江都相国,怕自己与前任相国一样,落个人头落地的下场。但是汉武帝金口玉言,圣命难违,董仲舒只得硬着头皮到江都国上任。

江都国是江南水乡,商贾繁华,五谷丰登。它南临大江,北近淮河,傍带邗沟,东望于海,颇得水陆鱼盐之利,水陆交通极为便利。这里原是吴王刘濞所有,刘濞曾经依赖这里繁华而叛乱。江都王刘非,是汉武帝同父异母的哥哥。刘非为汉景帝的程妃所生,与鲁恭王刘余和胶西王刘端都是同母兄弟。

汉景帝二年(前155年),刘非被封为汝南王。汉景帝三年,吴楚等七诸侯王国叛乱。汉景帝调各路诸侯征讨。刘非当时只有15岁,他也上书汉景帝,请求攻打吴王刘。汉景帝十分赏识他,便赐给他将车印。刘非带兵攻打吴军,大败吴军,生擒了刘濞。

刘非大获全胜之后,汉景帝赐他"天子旗"。置江都国之后,因为刘非曾经在此打败吴王刘濞,汉景帝便将刘非调入江都国为王。刘非在位27年,称为易王。江都国下辖

地过去属于吴国的地盘。

刘非自幼喜欢军事,佩服有勇有谋、能带兵打仗的人。他在宫中设有养武士的宫馆,从而招揽天下英豪。在这一点上,刘非与河间王刘德、淮南王刘安完全不同。刘德、刘安偏爱天下贤良文学之士,他们爱招致文士以研究学问,编书论著。刘非表现得十分狂傲,目中无人。汉武帝刘彻就不太欣赏这位同父异母的兄弟。

建元元年(前140年)秋,江都易王和几个心腹谋士在一起密商扩军一事。

有一个谋士说:"易王,汉武帝有什么本事,凭什么当皇上?江都王管着这么多人,也为国家做过极大的贡献。"

易王听后微微一笑说:"怎么能这么说呢?皇上不是谁想当就能当的。"易王虽然嘴上这么说,心里却恨不得一夜之间把皇位抢到手,将汉武帝赶下台。

另一个心腹向前说:"易王,我们大家都盼着您能当皇帝,大伙都能升迁。"

刘非听完提高嗓门说:"老天有眼,皇上给咱们江都国派来了一个全国知名的大儒,叫董仲舒,到咱们这里当相国。他知识渊博,一定能帮助咱们出好主意。"

第三章 坎坷仕途

几个谋士一听都乐了,心想这回可好了,大儒董仲舒到这里来当江都国相,准能出好些主意,扫平长安城,这样刘非当皇上就指日可待了。

董仲舒到江都国任相国这一年,正赶上江都国一带出现了百年不遇的大旱。地里的庄稼都旱得蔫了,玉米折了腰,土地旱得裂了一寸宽的大口子,庄稼人个个都十分揪心。

董仲舒认为这正是教育刘非的极好时机,有一天下午,他来到刘非的书房。江都王一见董仲舒走了进来,连忙起身让座。

"董相国请坐。"江都王客气地说。

董仲舒坐下,同江都王聊了一会儿其他的事情,话题就转到这次大旱上来:

> 江都王,这次长久干旱不下雨,是上天对咱们的惩戒,咱们不能想别的,一想别的事情老天就会报应咱们。我看咱们可以在江都国各地举行祈天求雨的活动,以求五谷丰登。江都王您看怎么样呢?

江都王听后忙说:"可以,可以。你说得仔细一点。"

董仲舒传

董仲舒把自己的想法一说,江都王听后连连点头。董仲舒趁此时把"天人感应"的思想灌输给了江都王。

第二天,董仲舒要求江都国将所有的南门都关上,不准举火。把所有的北门都打开,把水洒在人身上。刘非、董仲舒以及其他大小官员都长跪在设好的祭天坛下,求老天爷快快下雨。

董仲舒懂得天文了解风象,得知近日要下大雨,设坛求雨不久后,老天爷果真下起了瓢泼大雨,整整下了好几天,江都国的旱情就这样解除了。

官员们问董仲舒:"董相国,你怎么那么神,连雨也能求得到?"

董仲舒用土龙求雨的方法给他们作了解释。听了董仲舒的解释之后,官吏们连连称赞:"董相国真是神人啊!"

董仲舒不但会求雨,而且还会止雨。董仲舒到江都国的第二年,江都国内大雨不停,阴雨连绵不断。董仲舒担忧百姓的生活和这年的收成,于是找来内史说:"你看这阴雨天的时间持续得这么久,我担心它会影响今年的收成,咱们得想办法止雨。"

董仲舒分析了阴阳在流转变化中相生相克的现象。

他认为阴雨太多,是因为大气之阴盛阳衰。如果想要止雨,就得反其道而行之。即要张扬阳气而收敛阴气,使阴阳之气达到平衡。

那么该如何使阴阳均衡呢?董仲舒认为,人们如果想要使自然中的阴阳均衡,就应该"女子欲其藏而匿也,丈夫欲其和而乐也"。因为女子为阴,男子为阳。女子藏匿则是阴气收敛,男子和乐则是阳气张扬,这就是开阳而闭阴。为了张扬阳气,董仲舒还说男子应该用红丝带为腰带,穿红色的衣服,戴红色的帽子。

董仲舒说,今年阴雨过盛,一样要遵循止雨的礼仪,废阴起阳,以求得大气中阴阳之气的均衡。他要官吏中官秩在千石以下的官员,夫妇都在官的,需要将妻子先遣送回家;女子不能到街上走动;还应将水井统统盖起来,防止汇漏阴气。

董仲舒要求把社祠打扫干净,摆上整猪,以及黍、盐、美酒等,点上香火,击鼓三天,跪拜天地,并且要一边跪拜一边由巫祝在旁边祈求上天:

> 上苍啊!您生长五谷本来是为了养育万民。现在雨水太多,五谷不但不能生长,反而要被淹死了。所以

董仲舒传

我们虔诚地用肥猪和美酒敬献给您,希望您能为了百姓停止下雨,排除万民之苦,不能使阴盛而阳灭。阴盛而阳灭是不顺天意的。上苍啊!您总在为万民谋福利。下民都在乞求上苍止雨,所以我等斗胆代民向您祈求。

说完就猛烈击鼓。

内史按照董仲舒的要求做了安排。按要求应该祈求三天,可祭祀进行到第二天,天就放晴了,当天晚上,满天星斗。百姓们欢呼雀跃,高呼"万岁"。相国董仲舒的名声很快传遍了江都国各个角落。

江都王刘非非常迷信,见董仲舒不但能够求到雨,还能止住雨,打心里佩服。从此,刘非对董仲舒的话认真对待,许多意见也都采纳。董仲舒在江都国期间,事事为民众着想,处处为百姓考虑,为国家和百姓做了很多好事,百姓十分感谢他。但董仲舒为人耿直,说话直来直去,也冲撞了江都国的个别官员。

有一天,一个官员偷偷摸摸地来到江都王刘非的官邸。刘非正在批阅奏折,一听有官员找他,连忙放下手中的竹简,来到客厅。

"江都王。"这个官员见了刘非连忙跪下磕头。

"起来吧,有话请讲。"

这官员越说声音越大,说到激动处唾沫星子都喷了出来:

> 江都王,咱们江都国商贾繁华,稻产丰富,人杰地灵。你又在江都国任国王多年,凭你的本事早该当皇上了。可我们听说董仲舒不支持你,反而给你泼冷水,让你遵循儒家的那套君君、臣臣、父父、子子之道。我认为这是对江都王的不忠,我们这些下人都不服。江都王,我们听你的,你说什么时候打长安,众臣在所不辞。

可江都王刘非却异常平静,他慢条斯理地说:"爱臣,像你这样的话许多文官武将都曾经对我说过,且容我三思而行。谢谢大家的好意。"

这个下官没想到江都王刘非会这么说,便闭口不语了。

江都王想:

董仲舒传

底下人愿怎么说就怎么说,我可不能由着他们的性子来。董相国说的句句在理,皇上待我不薄,而且儒家的君君、臣臣、父父、子子的话是有道理的。我要攻打长安自己当皇帝,是会遭到天下人反对的。还是听董相国的,把江都国治理好再说吧。

那位下官见话不投机,就起身告辞走了。董仲舒在江都任相国期间,功绩卓著,受到上上下下一致好评。

被贬为中大夫

董仲舒和公孙弘是同窗学友。公孙弘早年失去母亲,和妹妹一起看着继母的眼色行事,磨炼成就了他机警、防人、耐劳和能忍的性格。公孙弘的妹妹聪慧俊美,针织女工一应俱巧。

在临淄公羊"学宫"时,公孙弘对董仲舒十分有好感,便托胡毋生做媒,想要将自己的妹妹嫁给董仲舒。董仲舒认为婚嫁之事应该由父母作主,而父母又以路远山遥为由不同意,使公孙弘的一厢之愿付诸东流。

第三章 | 坎坷仕途

当时主父偃趁机钻了空子,请求师父公羊寿出面保媒,娶了公孙弘的妹妹。但主父偃当官之后另寻新欢,将自己妻子活活逼死。公孙弘恨透了主父偃。想到妹妹的后半生跟董仲舒拒婚有直接的关系,他对董仲舒也耿耿于怀。董仲舒深知公孙弘的为人,多年来对他敬而远之。

董仲舒任江都相时,公孙弘任丞相。江都距离长安数千里,两人基本上没有来往。但因政见不合,有过摩擦。

有一次,公孙弘下了道命令:

> 禁止百姓挟带和拥有枪、刀、剑、弩等兵器。现有的一律交给官府,私藏的人查出来一定严惩不贷。这样做是为了防止盗贼和不法之徒,以保国家的安定。

这一举措引起了世人强烈的不满,尤其是广大猎户,骂声不绝。他们成群结队找到官府,有些年纪大的还直接找董仲舒反映。

董仲舒很早就知道此令难行,但鉴于和公孙弘的瓜葛,不愿意卷入是非的漩涡中。但如今民怨沸腾,再沉默下去于心不忍,便提笔写信,向丞相进谏。

董仲舒先从历史谈起,说枪、刀、剑、弩等武器开始的

时候是先民们捕获野兽用的,后来才用于战争。从三皇五帝至夏商周,3000年的华夏史上没有朝廷禁止百姓挟带和拥有打猎以及习射的兵器,也没有哪个朝代是因为百姓拥有武器引起动乱而灭亡的。相反,倒是有百姓利用手中的武器保家卫国的先例。

董仲舒写道:

不许百姓拥有刀剑的,只有前朝亡秦。秦灭六国,收缴天下兵器全部聚集到咸阳销毁,又焚烧经书,坑害儒生。但天下并没有因此而安定和长久。没有枪、刀、剑、弩,陈胜吴广照样在大泽乡揭竿而起,手操锄头棍棒,攻城略地。高祖和霸王都不是儒生,他们手提三尺长剑推翻暴秦。由此可见,治理天下应当致力于德教于民,尽量减少逆民心之事。

回顾了历史,再看现实社会。董仲舒写道:

从现实来看,美德昭彰社会富裕,百姓安定,万民日渐德化。皇上恩布四海,泽润域外,四夷民风也渐渐淳厚。盗贼和不法之徒虽然也有,但已经少得如九牛之一毛。

之所以还会有盗贼和不法之徒,并不是因为民间有刀剑弓弩,而是因为贫富过于悬殊。大贫则忧,忧则为盗。再就是一些官吏腐败,断案营私舞弊,才逼得百姓由良为盗。

据此,董仲舒认为不应该禁止百姓拥有和挟带刀剑弓弩。继而,他又写了刀剑弓弩对于百姓来说有许多益处。一是可以打猎谋生,二是用以习射健身,三是如果遇有盗贼和不法之徒可以自卫。董仲舒在信的最后,请求公孙弘收回成命。

董仲舒进谏的同时,不少人也在进谏,有的还反映给了汉武帝。汉武帝批评了公孙弘,公孙弘立即收回了那道禁令。对董仲舒的进谏,公孙弘十分感兴趣,心想你终于和我有了书信来往。有来往就好办了,言多必有失,早晚能找出你的破绽。

于是,公孙弘便给董仲舒回了一封信,做了个顺水人情,说是接受董仲舒的意见,收回那道禁令。然后谦虚一番,说他虽然居丞相之位,但实则不胜任。还说董仲舒精

董仲舒传

通春秋公羊学,希望能多多指点他。信中还用非常诚恳的言辞,向董仲舒请教消除盗贼和流民以保持社会安定的具体方略。

接到丞相的回信,董仲舒有些犯难。从信中看不出公孙弘有意在找他的麻烦,但董仲舒意识到,过多的书信来往,迟早会惹出麻烦。来而不往非礼也,董仲舒非常谨慎地给公孙弘写了回信。

据春秋公羊学的大义和社会现实,董仲舒提出了自己的见地。社会动乱的根源是什么呢?董仲舒认为最主要的是贫富不均。他先引用孔子的话说:

> 不论有国的诸侯或者是封地的大夫,不应该担心财富不多,而需要担心财富分配不均;不需要担心人口少,而是需要提防境内不安宁;财富分配均平,便无所谓贫穷;百姓和睦相处,便不觉得人少;境内安宁也就没有亡国的危险了。

但当前的社会现实是怎样的呢?董仲舒拐弯抹角地写道:

秦朝用商鞅之法，废除了井田制，允许土地买卖，结果"富者田连阡陌，贫者无立锥之地"。乡村间的富人像王侯国君那样排场奢侈豪华，而穷人吃的却像是猪狗的食物。再加上官吏横行，老百姓根本无法正常生活，不得不逃进山林，变成盗贼。

董仲舒笔锋一转写道：

汉朝兴盛，却依然没有改观。富人越富越贪利，越不肯行道义；而小民十分贫困，为了生存每天都违犯禁令却无法禁止。这就是你身为丞相难于治理的原因。

董仲舒又写道：

如何才能使国家长治久安呢？"《春秋》大义，仁义为本。"不施行仁义，所以秦朝很快就灭亡了；万世不乱，是因为施行仁义，所以应该以仁义教化百姓。为了防止动乱发生，还需要贫富均衡。使富人足以显示自己尊贵而又不至于骄奢，使穷人能够生活而又不至于忧愁，这样就容易治理了。

董仲舒传

董仲舒具体提出了三项建议：

一是"限民名田，以澹不足，塞并兼之路"。意思是限制占田，让占田太多的人分出一部分田地，来满足田地少或者没有田地可耕种的农夫的需要，堵死兼并土地的路子。二是"盐铁皆归于民"。冶铁和煮盐不再由官方垄断。三是"薄赋敛，省徭役，以宽民力"。其实就是要减轻百姓的负担。

尽管董仲舒写信进谏的时候小心翼翼，还是被公孙弘钻了空子，惹出了麻烦。问题就出在建议"盐铁皆归于民"。盐铁官营是汉武帝亲自制订的政策，朝廷中从来没有人敢反对。而今董仲舒竟然提出异议，还详细地列举了盐铁官营的弊端。

公孙弘觉得他抓住了董仲舒的把柄，便删繁就简地奏禀给了汉武帝，汉武帝十分不悦。

刘非在兄弟们当中觉得自己高人一头，不听任何兄弟的话。汉武帝当政时，刘非一直不服。汉武帝上台后，最担心的就是刘非，担心他不服管理，难以驾驭。果然不出汉武帝所料，刘非到了江都国称王后，专横跋扈，不可一世。董仲舒很有才学,汉武帝就派他当江都相国,让他好好地教导教导刘非。

可刘非是个想入非非、不知天高地厚的人。卫青大破匈奴之后,刘非手脚痒痒,也想率兵北上与匈奴决战,还要与卫青比试比试。他不与江都相董仲舒商量,就私自将奏折送给了汉武帝,不容董仲舒解释和劝告。

汉武帝一看勃然大怒道:

> 大汉王朝是我汉武帝的天下,岂能容你刘非插手。派谁与匈奴打仗是我的事情,用不着你来掺和。你无非是在我面前逞能,这天下难道该由你来治理?那匈奴单于非常狡猾,不是你想捉就能捉住的。
>
> 打败了怎么办呢?打胜了你可以显耀自己,一旦打败了你就溜之大吉,还得我来收拾这残局。你写奏折我就是不准。还有董仲舒,你作为江都相国,应该规劝国王遵从皇上调遣,可是你却什么都不管。

汉武帝越想越生气,"啪"的一声,把刘非送上来的竹简扔到了地上。

"杨得意!"武帝大声喊道。

董仲舒传

"奴才在!"杨得意跪下说。

"让严助和几位博士查一查董仲舒送来的竹简,有关边关和军事方面的,给我统统找出来!"汉武帝生气地说。

"是!"

按照皇上的旨意,严助和几位博士在董仲舒的竹简中寻找。这几位博士有学儒学的,有学阴阳五行的,有学道学的,有学志事之学的,总之大多是来挑刺的。

可是,董仲舒竹简中多是仁义道德、天人感应、君权神授等论述,边关战事方面的论述十分少。他们找啊找啊,终于在竹简中找到了一句和武力沾边的话:"武尽美矣,未尽善也。"

汉武帝看了怒气冲天,董仲舒你一个儒生怎敢这么写呢,这不是向皇上身上扎针吗?见皇上动了真气,杨得意急忙叫小太监去请东方朔。

东方朔听小太监把事情经过一说,急忙来到大殿,见汉武帝正让严助起草文书,要废江都相董仲舒为庶人,还要处理江都易王刘非。东方朔看了一下董仲舒的竹简,看到了"武尽美矣,未尽善也"那句话。这哪里是影射汉武帝的话呢?这是一种战争乐曲,名为《武》的曲子。

东方朔悄悄走到汉武帝身旁,轻轻地说:

皇上,这不是说的战事,更不是影射皇上,它是一种乐曲。你可不能因为一句毫无关联的话,就把一位大儒贬为庶人啊!江都易王刘非的奏折仅仅是表露了他的野心而已,不足为处理的依据。我看对江都易王刘非多加提防就是了。请皇上三思而行。

皇上听后低头不语。

几天后,汉武帝终于顺应窦太后的意思,将董仲舒调离了江都国,贬为中大夫。窦太后和汉武帝把董仲舒由江都相贬为中大夫之后,董仲舒一直想不通,干得好好的为什么就被废为中大夫,自己到底有什么过错呢?

董仲舒几次想问问。后来,他又想,自己既然已经废为中大夫了,再找也不会改变的。再说伴君如伴虎,江都王刘非性格粗暴,野心勃勃,说不定哪天得罪了他,也会落个人头落地的下场,不如趁此机会离开他。

几天之后,被废为中大夫的董仲舒,坐着一辆简陋的马车,离开了扬州,前往长安。

江都易王刘非在董仲舒的影响下,开始重视儒家思

想,以仁德、礼义来治理天下了。只是他那刚烈的武人气质丝毫没有发生变化,他总想什么时候能够显试身手,再创辉煌。然而,虽然出发点是好的,可是不管从哪个角度来说,都远非人所能预料的。

江都国在董仲舒的辅佐和影响下,政通人和,经济繁荣,百业兴旺,市区繁华,百姓安居乐业,江都国的百姓世世代代都怀念他。董仲舒为江都相时的官邸,在后来扬州市的大东门外,扬州史志称之为"董仲舒宅"。

为了纪念这位为江都国立下汗马功劳的一代丞相,人们在原"董仲舒宅"内修建了"董子祠"。董仲舒宅内有一口井,史书上称为"董井"。后来"董井"也是文人骚客们凭吊抒怀的地方。董仲舒给江都国百姓留下了不朽的物质和精神财富,人们世世代代怀念他。

解答吾丘寿王问鼎

在汉代,大夫的职责主要有论议、谏争、顾问、应对、拾遗补阙以及奉命出差等。大夫做皇帝的顾问,解释、说明或阐论皇帝提出的问题和疑惑,出使、吊丧是大夫的固定职责。除此之外,大夫没有什么特别固定的职务。

不管怎么说,无论是出使国内某地视察风土人情、自然灾害,还是出使国外等,都是临时性的,大夫们没有固定性的工作。所以,在表面上,大夫是一个十分清闲的职位。

中大夫确实是一个闲职。董仲舒无事可干,心中又有点儿芥蒂,就在家中看书,做公羊春秋学的研究。

汉武帝原本是十分欣赏董仲舒才能的,对董仲舒的中大夫不像其他人那样,决定给董仲舒安排一些具体任务,让董仲舒将研究的《春秋》政治学教授给自己的近臣。

其中有一个名叫吾丘寿王的赵国人,擅长下五子棋,因为棋道高超,闻名远近。所以,寿王年轻时就被汉武帝征召为"待诏",时常陪伴在汉武帝身边,深得汉武帝欢心。

董仲舒任中大夫之后,汉武帝知道中大夫是个闲职,董仲舒没有什么大事可做。同时,董仲舒作为一代鸿儒,轻闲搁置,未免太可惜了。于是,汉武帝就让吾丘寿王同学识深厚的董仲舒学习公羊春秋学。

吾丘寿王既聪明又很勤奋,董仲舒又是个大教育家,吾丘寿王遇上名师,稍微点拨就能贯通学理。所以,过了

董仲舒传

不久,吾丘寿王就对春秋公羊学有了一定理解,他也很快被提拔为侍中中郎。

这年夏季的一天,吾丘寿王来到董仲舒家,看到他那慌忙的样子,董仲舒就知道这个学生遇到了难题。便问道:"近日忙什么大事呢?"

吾丘寿王擦擦汗,说道:"真是一言难尽,弟子好像惹祸了。"

董仲舒吃了一惊,让他从头细细说来。寿王说:

> 前些日子,有人在汾水岸边掘出一个鼎来,认为是个宝贝,报告给了河东太守。太守又报告给丞相公孙弘,公孙弘又告知了圣上。圣上便派人把鼎移到了甘泉宫,命令公孙弘找几个大夫和郎官前往考察研究。当时弟子也和公孙丞相一道前往了。

董仲舒说:

> 鼎有多种多样,大小不一,有的呈圆形,三足两耳,也有长方四足的。古代的鼎都是用青铜铸造的,近世才有陶鼎。你在甘泉宫见到的那个鼎是什么样子的呢?

吾丘寿王说：

　　这个鼎比一般的都大,是弟子所见最大的。别人也都说没见过这么大的,认为是宝鼎。鼎上有铭文,对铭文众说纷纭,有的说是尧舜所铸,有的说是商汤之物,也有的说是周朝立国之鼎。

　　公孙弘一口咬定这是周鼎,当时众人都附和,说是周鼎。只有弟子唱了反调,说那不是周鼎。因为弟子怀疑是今人仿造的,想要哗众取宠。公孙弘丞相大为不悦,让我细加考证,待面圣上。

"圣上的意思究竟是什么呢?"董仲舒问。

吾丘寿王回答道:"公孙丞相从中作梗,弟子怕是凶多吉少了。"

董仲舒点点头,说道:"公孙弘最会揣测君意,又多嫉妒之心,你的考虑不无道理。"

吾丘寿王说:"听师尊所言,难道圣上也认定是周鼎了吗?"

董仲舒又点点头,说:"是的。"

寿王说:"弟子不解,请师尊明示。"董仲舒告诉他:

董仲舒传

　　鼎虽然多为炊具、刑具和随葬的名器、祭祀的香炉，但在夏、商、周三代还具有深刻的政治含义。当年大禹王治服洪水，划天下为九州，同时铸九鼎作为象征。其后这九只大鼎便被视为立国的重器，国在则鼎在，国灭则鼎迁。夏亡，成汤迁都于商邑；殷商灭亡，周武王迁都于洛邑。秦昭王攻周，掠八只鼎入秦，但有一只沉入泗水之中。为了这只鼎，秦始皇在第二次出巡时，从琅琊南行，在彭城专门斋戒三日祷祠，令千名将士到泗水中寻找。因为没有找到，始皇帝至死却耿耿于怀。

　　当今圣上，雄才大略，自以为功过三代。而今获得大鼎，怎么不认为是天降祥瑞，是大汉兴盛的征兆呢？再加上公孙弘之辈逢迎拍马，专爱歌功颂德，怎么可能不被认定是当年周武王立国时的九鼎之一呢？

　　吾丘寿王如梦方醒，说道："弟子当时是实心实意地考察那鼎，看它铸造于什么年代，用于什么年代，依据的又是什么，并没想到圣上的喜好。"董仲舒说：

　　搞学问可以刨根问底，据以实言，当官却非如此。

孟子云:"为政不难,不得罪于巨室。"你怎么能跟丞相唱反调呢?孔圣人著《春秋》,有碍于君王的地方总是说得很隐晦,要明哲保身呀!

吾丘寿王说道:"事已至此,万一圣上问起,弟子该如何答对呢?"董仲舒思忖片刻说道:

可以从以下几个方面考虑。一是再细看细想细察那鼎,究竟是不是周鼎。周代的鼎一般为圆腹,三足,足为兽蹄形;上面有盖,盖呈覆钵状,顶上有三组。在周代,除天子"九鼎"外,卿"七鼎",大夫"五鼎",士"三鼎",用以区别上下,分明贵贱。周鼎又分为镬鼎、升鼎和羞鼎。

如果那只鼎有一处与此不符,便可据理直言。尤其要细辨上面镌刻的铭文,看究竟属于哪一种鼎。只要有可靠的证据,皇上圣明总不会冤屈无辜的。但这样答对,只能保身,不可能讨皇上欢心,这是下策。

寿王说:"弟子已经仔细看过了,那鼎形状就如师尊所说,与周鼎没有什么区别。让人有疑虑的地方是那铭文,

董仲舒传

一点顺序都没有,字体像今人的笔法。怎么能据此去跟皇上争论呢?尽量不用这下策吧!"董仲舒说:

　　其二,当年在河间国,诗经大师毛苌曾告诉我:"大鼎谓之鼐,小鼎谓之鼒。"由此可以说,在汾水挖出的那只大鼎,不是"周鼎"而是"周鼒"。也能自圆其说,以答对公孙丞相和圣上,这是中策。

寿王问道:"除此之外,师尊难道还有更高的指教吗?"董仲舒说:

　　还有,其三,可言此鼎乃盛世之鼎,不是开国之鼎。为师将其书于帛上,你自己去领会吧!

吾丘寿王按照董仲舒的指教,回到家后认真思考了一番,默默地记在心里。

几天之后,汉武帝果然宣吾丘寿王进宫。面对满朝文武大臣,汉武帝说:"众人都说朕得了周朝立国之鼎,唯独你说不是周鼎,你的依据是什么呢?你得给朕讲清楚。如果讲得有理,还算罢了,如果讲得不清楚,朕决不轻饶你!"

吾丘寿王稳定了一下自己情绪,微笑着回答道:

陛下,微臣怎么能没有根据随意乱讲呢?臣听说,周朝之德开始于后稷之时,到公刘时得到发展,在文王之祖大王时得到扩大,到文王、武王时真正形成,在周公时得到彰显。周公时,大德下施,百姓受惠。上天为了报应周朝,当时曾有宝鼎出现,以示其盛世之象。如今陛下所得之鼎,正与其相同。

汉武帝依然不悦,质问道:"既然相同,你为什么还说这不是周鼎呢?"吾丘寿王微微一笑,说道:

我们大汉帝国继周德以来,也是德昭恩施,天下和同。陛下一统天下,彰显祖德,功德无量,上天亦降符瑞出现。过去,秦始皇在泗水没有找到宝鼎,而今天居然在汾水出现,这难道不是天意吗?天意兴汉,昭示现在是大汉盛世,与周又有什么关系呢?此乃"汉鼎",怎么能说是"周鼎"呢?

汉武帝顿时龙颜大悦,连声说道:"讲得好!讲得好!"
又问众人:"尔等以为如何呢?究竟是周鼎还是汉鼎呢?"

董仲舒传

文武大臣异口同声地说道:"汉鼎!吾皇万岁,万万岁!"

武帝又问吾丘寿王道:"你刚才所言,还有没有别的凭据呢?"

吾丘寿王说:"有,微臣的老师董仲舒也持这样的观点。"便把董仲舒写的素帛呈上。

汉武帝看后,传给群臣查看,说既然董大夫也持此议,还有什么可怀疑的呢?所以传旨,用此鼎在甘泉宫祭祖,而后运到长安。

高兴之余,汉武帝还作了一首《宝鼎之歌》,歌道:

景星显现在天空,镇星排列分明,天象显示上天对大汉朝日以亲近的趋势是多么明显!景星出现等同于天地重生,祥瑞出现必须重新拟定纪元年号。元鼎四年在汾脽出现古鼎,就是上天下降福佑的开始。祭神的音乐依合于五音六律,声响要明朗,乐声要繁复多变,这样雅正的声音才能远扬。优美的乐舞可以调节四季的风向,使之风调雨顺。舞者要随乐声翩翩起舞,供品要精美。祭神的美酒要用各种香料配制,美酒散发的香气如同兰花盛开那样浓郁。祭神还要陈列一些能醒酒的甘蔗,以防神灵喝醉了酒而神志不清。皇帝内心精微处所通能远达神灵,以保佑他得成久远的美名。皇帝逍遥周游于上天,想寻求与神相合的道理。既然已经获得众多的福佑,归于正道,就能达成自己的心愿。上天降福,后土成就其功绩,致使风调雨顺,收获繁盛。

吾丘寿王将这首歌送给董仲舒看,董仲舒叹口气说道:

百姓以假物奉官,官吏以假言奉君,君又以假情示天下。一个"假"字,换得皆大欢喜,悲哉悲哉!

解释"三世"之惑

董仲舒被降职为中大夫后,便在府中钻研学问并收徒授业。所收学士,最著名的就是后来成为史学家的司马迁。司马迁,字子长,祖上世代为史官。他的父亲司马谈,

董仲舒传

是西汉的太史令,博学强闻,精通儒、墨、道、阴阳等诸家学说,与董仲舒交往甚密。

司马迁从小就接受了父亲严格的教育,他立志继承父业,弘扬史学。司马谈对儿子寄予了厚望,十几岁就带他进京城长安,让好友董仲舒收他为徒。

收到这样一个徒弟,董仲舒打心眼里高兴,他将自己的学问倾囊相授。司马迁生性聪慧,再加上家学的底子厚实,经董仲舒点拨后进步很快。董仲舒告诉司马迁:

《春秋》是部史书,但《春秋公羊传》研究的主要是义理。你立志写史,首先要明义理,而后游历南北,广泛搜集资料,方能成一家之言,写出千古名著。

司马迁说:

弟子从浩瀚的书简中发现,自黄帝开始,夏、商、周至春秋、战国、秦之一统,传到汉朝,为了王业的兴衰,多少豪杰壮士为之折腰。但看遍当今的传记,也没有见到这样的书啊!

董仲舒点点头,说道:

自古以来,千秋功罪,谁与评说?为师之见,此事非史官之手,他人莫属!

司马迁随即说道:

弟子久有夙愿,将圣人完成《春秋》之后至今400年来的历史,录成书传于后世,还请师尊指点迷津。

董仲舒道:

欲善其事,当怀九思:视思明,听思聪,色思温,貌思恭,言思忠,事思敬,疑思问,忿思难,见得思义。圣人著《春秋》,目的在于让世人和后世以史为鉴,了解江山兴替的原因,明白为人主的道理,改善治国的方略。这就要求史家秉笔直书,"其文直,其事核,不虚美,不隐恶"。做到这点,须先做人中君子,切记"君子惠而不费,劳而不怨,欲而不贪,泰而不骄,威而不猛,和而不同,矜而不争,群而不党"。

此外,为师再送你两句话,希望你时时记在心头:"正其义不谋其利,修其道不计其功。"

董仲舒传

这些对司马迁后来写《史记》都有很大的影响。

司马迁向董仲舒学了数载,出师之后就游历了齐鲁江淮等地,为写《史记》搜集资料。不久,在董仲舒等人的奏请之下,汉武帝决定在京都长安兴办太学,招考博士弟子。司马迁在应考前,集中精力翻阅书卷,遇到疑问,便马上请教。

这天下午,司马迁在学习董仲舒最近撰写的一篇文章时,对其中的"三世"一语不十分理解。他查了一些资料,却找不到答案,便驱车去董仲舒家中求教。

当时已经过了申时,董仲舒吃过晚饭正要闭门谢客,却听仆人说司马迁来了。董仲舒知道他在治学当中遇到了疑难问题,便到书房相见。司马迁见过大礼,拭去额角的汗水,说明自己的来意之后,问董仲舒那篇文章中的"三世"究竟是什么意思。董仲舒沉思片刻,说道:

圣人所作《春秋》起自鲁隐公元年,止于哀公十四年,共历隐公、桓公、庄公、闵公、僖公、文公、宣公、成公、襄公、昭公、定公、哀公等十二世。这十二世,如果以孔圣人为界定的话,可分为有见、有闻、有传闻。

有见,是指孔圣人亲历所见,从哀公至昭公,共61年;有闻,是指孔圣人听亲见者所说的,从襄公至文公,共85年;有传闻,是指孔圣人听人传说的时代,从僖公至隐公,共96年。这三个阶段可称为有见世、有闻世、有传闻世。

司马迁说:

这层意思,弟子从字面上是可以理解的,但总感觉里面尚有微言大义,师尊之言似有未尽之处。而这正是弟子撰写《史记》所用得着的呀!能否将其所含更深刻的道理明示弟子呢?

董仲舒说:

《春秋》用的春秋笔法,先圣在写所见世时是"微其辞",指隐晦地进行批评。因为天子如果能接受,当然对天下有好处;如果不能接受,也威胁不到自身的安全,此乃《春秋》之妙也!而今你非要为师明示,为师就再给你多说几句。

春秋292年中,先圣有见也罢,有闻也罢,有传闻

董仲舒传

也罢,三世、六世、十二世也罢,不外乎有乱、有治、有太平。人类自盘古开天辟地以来,即依据五行相生相克的规律,不断循环运转,每当一德兴盛,它支持一个朝代,当其衰落,这一朝代就要灭亡。

五行相克,即木胜土、金胜木、火胜金、水胜火、土胜水。历代王朝的更替都是由这五种因素决定的。而这五种因素的变更又决定于天降"符瑞"的显现。不同符瑞的出现,预示着五德的更替,谁能得到五德中的一德,谁就是受命的天子。

黄帝得土德,夏得木德,商得金德,周得火德。秦代周德,克火的是水,所以秦得水德。汉又代秦,克水的是土,所以汉得土德。社会是不断发展变化的,写史贵在从乱中见治,从治中看太平。

司马迁眨着眼睛,脑海中像波涛翻滚一样,口中连连称是。见亥时已经过去,便起身告辞。写《史记》时,他将董仲舒"三世"之说的微言大义注于笔端,警示后人。

200年以后,东汉经学家何休用了17年时间撰成《春秋公羊传解诂》,深入阐述董仲舒关于"三世"之说。之后,"三世说"成为儒家公羊学派关于历史演变的思想。

推演灾异惹出祸端

董仲舒被废为中大夫以来,一直在研究《春秋》中的灾异与政治的关系。

汉武帝元朔元年(前128年),主父偃一年迁升4次,升为中大夫,与董仲舒为同僚。但是,董仲舒因为与汉武帝在殿堂的精彩对策,早已经名闻天下。主父偃却出身贫贱,仕途曲折,做官的时间很短,他自知远远不如董仲舒。

然而,董仲舒是被废黜而降为中大夫的。所以,主父偃一方面考虑董仲舒年长,且德高望重,确实想与这位名震天下的大家亲近;另一方面,他心底中仍然想着是否能够从董仲舒那里捞点儿什么,充实自己,抬高自己。因为他已多次向汉武帝上书,提了不少建议,现在他肚中的知识差不多用空了。

主父偃经常到董仲舒家中,向董仲舒谦虚地请教几番。这样一来,二人的交往越来越多。董仲舒是个性格秉直的人,有才识也不内藏,心中没有弯弯肠子,直率而健

董仲舒传

谈。主父偃对董仲舒的才学,既是佩服,又是嫉妒。

元朔二年(前127年),有一天晚上,董仲舒突发奇想,用《春秋》中灾异产生的理论,来分析早已逝去的建元六年(前135年)辽东高庙、长陵高园便殿失火的事情。因为《春秋》中有凡"弃法律,逐功臣,杀太子,以妾为妻"等现象,就会引起火灾烧毁宗庙、宫馆等事。

董仲舒对汉武帝建元六年(前135年)的火灾,仿照《春秋》灾异论来作分析。他首先阐述了自己观点,认为以《春秋》来判别是非是不会错的,认为《春秋》的记载是用来启示后人的。后人所遇到国家的事情,特别是天地发生变化,只要与《春秋》中所记载的相同,那么其中诸事之理就明晰可见了。

其次,董仲舒分析了《春秋》中所载鲁定公、哀公去世的例子:

鲁定公时,季氏擅权,左右朝政,而那时孔子已大名鼎鼎了。如果定公和哀公能够重用孔子,无论季氏权势再大,消除季氏的可能都是有的。

鲁定公二年(前508年)五月,两观僭礼之物失火。

这次火灾的意思是：僭礼之臣的罪证已经外现，所以可以除去僭臣。然而，定公并不明察。

鲁哀公三年（前492年）五月，桓官、釐官又失火。这次天灾似乎是以焚烧富贵明示应消除不义，但哀公也不能明察。所以，哀公四年六月亳社又失火。

鲁昭公的时候，虽然有季氏作恶，但当时天意没有出现，也没有圣贤的臣子，所以昭公想消除季氏是不可能的。而定公和哀公时，"其势可成"，然而，君王却不能审察，所以鲁国在天意一再地提醒下不能悔悟，其势也一定不能长久。

董仲舒又将理论和史实应用到现实的政治中来。他剖析说：

当今的高庙不应该建在辽东，高园殿不能修在长陵旁。因为这与礼不相符。所以，这两次火灾与《春秋》中所记载鲁国的火灾是一样的。

这两个东西不应当修建，本来在很久前就应该明示出来，之所以到当今才以天灾的形式告诉人们，说明现在时辰已经到了。

董仲舒传

这两次火灾的原因,应该是十分明显的。过去秦朝受周朝的败弊不当之处,但没有改革。大汉帝国承秦朝而来,应该改革而没有改革。汉朝承继两朝积累的败弊,自然是难以一下子就治理完善的。再加上皇家宗室、外戚骨肉相连,他们骄奢淫逸,所以国家更难治理。

那么,应该怎样来做补救呢?或者如何根据灾变来治理天下呢?天灾的意思是,在外不归正道的,虽然身份高贵,犹如高庙;在内不归正道,虽然很有权势,犹如高园殿。所以,天意焚烧高庙、高园陵,是指不管是诸侯郡王,还是朝中的大臣,只要罪证已经出现就应该清除。

皇帝应该承天意而去清除朝廷内外擅权的人,以清明朝政。

董仲舒写完之后,天已经大亮了。他虽然通宵未眠,但成功的演绎、推理和对理论的成功运用,使他精神振奋。他不想睡,就出门散步去了。这样,他还可以对已成文字再作一番思考。

偏巧,主父偃一早就来拜访董仲舒。家人已经十分熟识主父偃,不知道主父偃一早有什么公干,就让他在书房等候。主父偃欣赏着董仲舒那雅致的书房,既敬佩,又嫉妒。

不经意间,主父偃在董仲舒的书案上发现了这篇文章草稿。他偷偷地多看了几眼。不看也罢,一看吓了一跳。一个邪恶的念头跃入他那充满愤懑和报复情怨的心中。主父偃窃窃自喜,连忙将这篇文章揣入怀中,匆匆地告别董家而去。

董仲舒散步好久,突然想起文章草稿,急急地往回赶。刚到家,家人就告诉他,主父偃来过。他到书房一看,文章已被他人拿去了,心中升起一种不祥的预兆,但又心存疑虑,因为他心目中的汉武帝是个能大有作为的皇帝。

主父偃此时已经直奔皇宫,将此文急奏给了汉武帝。汉武帝接到的上书虽然是没有署名的草稿,但他从文风中能够看出是谁的文章。然而,汉武帝何等聪明,他没有轻易下断论。

汉武帝知道主父偃是个小人,但汉武帝不想使自己被后人看成小人,或自己身边有小人,以及听信小人谗言独

董仲舒传

断专行。汉武帝又不得不任用主父偃。所以,他对主父偃偷来的上书,使用了一个万全的策略来处理。

汉武帝急忙召见当朝的贤良文学之士共议此事。他并没有告诉大家这是谁的奏折,只是要大家评价一下这篇文章,做个是非公断。汉武帝这样做,有两方面的用意:其一,踢出即将指向他并由他激起的矛盾;其二,用文人相轻的方法来教训董仲舒不要太轻狂,然后自己再出来做和事佬。

汉武帝这么做的目的十分明显。汉武帝厌烦董仲舒是由来已久的,因为董仲舒是公推的春秋公羊学大家,而且在汉武帝之前已经有文、景二帝重文学志士久负盛名,所以,他很想教训董仲舒,却苦于没有机会,今天是送到手的一次机会。

汉武帝想:"首先,朕并不想加害董仲舒,虽然殿堂对策之后朕并没有重用你,你不可以为我整你。其次,董仲舒说朕身边有小人,但众贤良文学之士并不同意你的观点,你认为朕听信小人之言,你看看众贤良文学之士如何评价朕和你的文章。"由此可见,汉武帝已开始收缩他的开放和自由政策。这也是汉武帝走下坡路的前兆。

汉武帝将董仲舒的文章展示给众贤良文学之士看过之后，众贤良虽然被其逻辑缜密的文理所吸引，觉得此文引论有据，文理透彻。但看汉武帝的势头，大家又不敢妄作评断，多说什么。大家议论纷纷，都说作这篇文章的人太愚笨、太不明了事理，其中的引经据典实质是对经典的歪曲，作此文难道是有犯上作乱之意吗？

董仲舒的得意门生吕步舒竟然也没有看出这是他老师的文章，他没有往老师董仲舒身上想，因为据他所了解的董仲舒是不可能不在自己文章中署名，也不可能犯上作乱的。所以，他在朝廷上极力倡言批判该文的作者。

吕步舒的发言，博得不少人的赞同，汉武帝也连连点头，主父偃更是一副扬扬得意的神态。最后，吕步舒对汉武帝说道："奏者妄议灾异，歪曲《春秋》，诬蔑圣上，攻击朝臣，实乃犯上作乱，当处以重刑！"

众人也按这个调子发言。说奏折作者有犯上作乱之意，有的建议处以宫刑，有的说该砍头，还有的说该灭九族。

"既然尔等意见如此一致，"汉武帝的脸色变得非常慈祥，"朕也难违众意，那就下吏吧！"下吏就是交给司法官

董仲舒传

吏审问治罪。

"不过,"武帝装模作样地说,"朕还不知奏者是谁呢?"便问主父偃:"到底是谁写的呀?"

主父偃说:"启禀皇上,奏者是中大夫董仲舒!"

仿佛一声霹雳,众贤良文学之士都惊呆了,吕步舒的脑袋几乎爆裂。大家都深知董仲舒是个真正的君子仁人,他绝不会与这伙人为敌的,也绝不会犯上作乱。

汉武帝似乎有些吃惊,说道:"怎么是董大夫?唉,法度难违,下吏吧!"

汉武帝神色的变化使吕步舒很快清醒过来,他意识到自己适才中了圈套,便急忙对武帝说道:"依臣愚见,奏折没有署名,不能断定就是董大夫所写,即使真是董大夫所写,不署名字必然另有原委,还请皇上详察细断!"

众人也一起跪倒,齐声奏道:"董大夫赤胆忠心,绝非有意犯上作乱,请皇上赦免!"

汉武帝微笑不语,宣布退朝。吕步舒回到家中,茶饭不思,夜不成寐,总觉得是自己把师父送进了虎口。想想自己在朝中的发言,后悔不已。但木已成舟,伤感无益,只好赶忙采取补救措施。

一方面，吕步舒急忙前往董府，向董夫人和公子们解说原委，赠礼致歉做好安慰工作。董夫人和公子们都通情达理，说不知者不为罪，此事怎么能怪他呢？另一方面，他联络众贤良文学之士，再次奏请汉武帝赦免董仲舒。还打通关节，求正在走红的武帝宠妃卫子夫帮忙。

不久，董仲舒被判死刑。但汉武帝准众贤良文学之士所奏，随即赦免了董仲舒，让他官复原职，仍然任中大夫。吕步舒因为批董有功，提升为丞相长史。

这在别人看来，应当着实高兴一番。但吕步舒心中却如刀割，因为这是踩着师父的身体上去的。所以，董仲舒获释之后，他便前往董府登门谢罪。他先让家人给董仲舒报信，说学生吕步舒已经死了，是心中负疚用万把钢刀自裁的，意思是罪该万死。随即又让家人前去报信，说学生吕步舒死后重新脱胎换骨前来谢罪。

到了府前，吕步舒双膝跪下，膝行到厅堂，头面用黑布罩着，意思是无颜面见师父。董仲舒为他除去黑布，扶他起身挽手到书房说："此事全因为师一人而起，与你何干？你又有什么罪呢？这些天你东奔西忙，照顾我的家人，又营救我的性命，倒是我应当感谢你才对。"

落座之后,吕步舒问董仲舒那份奏折为什么没有署名呢?董仲舒说:"那仅仅是一份初稿,还没有写完。"

"没写完怎么就呈给了皇上了呢?"吕步舒又问。

董仲舒说:"是主父偃前来串门,趁为师不在偷偷拿去送给皇上的。"

"主父偃曾经和您在临淄公羊学宫共研春秋公羊学,到京都之后也常来董府叙旧谈新,怎么会干出这种事情来呢?"吕步舒百思不得其解地问。

董仲舒说:"此人名为儒士,实为官痞,为了当官,他六亲不认,什么伤天害理的事情都干得出来。"

"实在该杀!"吕步舒恨恨地道。

"这事也不能怪他,"董仲舒心平气和地说道,"即使他不偷走,为师早晚也会面呈圣上的,这场灾祸也是避免不了的。"

吕步舒问:"写这份奏折的时候,您是否意识到会有灾祸发生呢?"

董仲舒说:"没有,因为根据《春秋》推演灾异,为师曾经多次为之,这次所奏,基本理论和'天人三策'相同,是皇上早就肯定了的。"

吕步舒说:"弟子也有同感,不知圣上为什么会一反常态。"董仲舒说:

此事为师在狱中一直在考虑,现在看来事情是不断变化的。当年献对策之时,窦太皇太后驾崩不久,皇上想改黄老之道,寻求新的治国之道,聚集起用新的人才,所以能听进逆耳之言,能容得下叛道之人。而今皇上大业初成,自信功盖千古,傲视天下,哪里还听得进直言诤语呢?

吕步舒又问:"当初写奏折时,如果意识到有这样的灾难,不知师尊是否也会这样写呢?"董仲舒说:

照样会这么写。作为人臣,吃皇粮受皇禄,不能从私心出发,整日看皇上脸色行事呀!孔圣人说:"唯仁者能好人,能恶人。"《春秋》大义要求我们这些人不能只对皇上说好话,报喜不报忧。而应从社会现实出发,从国富民强长治久安出发,去分析,去进言。为师推演辽东高庙和长陵高园殿火灾,请求圣上清除奸臣和小人,并非凭空所说。像主父偃这样的人,一年中

董仲舒传

接连升了4次官,这正常吗?长此下去,怎么得了呢?

吕步舒脑海中波翻浪涌,觉得师尊一席话真的使自己脱了胎换了骨。

最后,董仲舒被赦免了死罪,汉武帝做了好人,显得仁德滔天。本来这是一件可有可无的事情,汉武帝却借此教训了一大批学士,使他们更加赤胆忠心地为他卖命。

董仲舒死里逃生,吃一堑长一智,再愚钝的人也会变得聪明起来。从此,董仲舒再也不敢以灾异之变来推论政治风云的变幻。本来就理想化的他,就变得越来越远离现实了。

董仲舒案发之后,主父偃没有受丝毫的伤害,反而更得汉武帝的赏识和亲近。政治家身边始终走火入魔地掌握着一批小人。

再赴江都任相职

汉武帝元朔二年(前127年),江都王刘非死去,在位27年。刘非之子刘建即位为王。刘建为世子时,生活腐化,作恶多端,竟然还跟自己的父亲争夺情人,很不得人心。

易王刘非尸骨未寒,刘建旧习难改,在守丧期间,依然与易王生前妃子私通。甚至,他的胞妹徵臣回家奔丧时,因为徵臣稍有些姿色,他都不肯放过。真是没有人性的家伙!

元朔三年(前126年),刘建的祖母鲁恭王太后知道刘建作奸犯科,一方面写信给徵臣,要她自重;另一方面哭着要人专程捎信给刘建,要他谨慎,不要效仿燕王定国、齐王次昌等人。刘建对此充耳不闻,甚至认为老太太不识时务。

非但如此,刘建还视小民如草芥。有一次,他在章台宫游玩,与4个侍女一起乘坐小船在湖上荡漾,其乐悠悠。然而,刘建性恶,他并不满足这静心养怡的玩法。当船到湖中心时,他突然站立起来,叉开双脚,摇摆小船。船小人多,顷刻小船倾覆船底朝天。5人全都掉入水中。刘建竟然见死不救,也不让别人搭救,自己游到岸边,看着4个女子在水中挣扎,最终淹死两人。

刘建对宫中姬妾的处罚是十分没有人性的。姬妾如果犯一点儿小错,刘建就处罚她们,要她们脱光衣服,裸身敲鼓,或者吊在树上。处罚时间有的长达一个月,之后才

董仲舒传

给衣服穿。其罪恶真是罄竹难书。

董仲舒被赦免死罪之后,继续做中大夫。然而,由于主父偃的所作所为,加上他们"抬头不见低头见",董仲舒和主父偃处在十分尴尬的情境中。

这时,汉武帝对董仲舒及其思想还没有清醒的认识,但是他觉察到董仲舒和主父偃之间那种难堪的同僚关系。同时,他知道了一些关于江都王刘建的情况。鉴于董仲舒熟悉江都的国情,汉武帝就决定让董仲舒复出,继续为江都相。

董仲舒知道君命不可违,又觉得与江都国百姓仍有感情,所以同家人南到广陵城,住进了原来的相府。

然而,江都国已经完全不同于以往,因为国王刘建完全不同于刘非。刘非还有一定的政治韬略,又很有军事才能,很想有一番作为,而刘建根本就不关心国家大事,整天饮酒作乐,专为淫虐。

当刘建听说淮南王刘安有意谋反叛乱时,他不走正道,专走斜路。刘建在暗中制造弓弩,训练兵士。他还封国丈胡应为将军,准备随时起兵。同时,他在做皇帝的美梦,征用民力,搜刮财源,修建皇宫。他还与越王闽侯勾结,想要配合淮南王刘安的谋反叛乱。

董仲舒走马上任之后,他一方面整治百官,使混乱无章的行政管理制度正常化;另一方面他如力谏易王刘非一样,劝谏刘建,然而,刘建根本就听不进去。

董仲舒并不受刘建赏识,故而得不到重用,甚至连正常工作都无法开展。董仲舒满腔政治热情和治国方略,根本就无法实施。

董仲舒所受文化教育和自己的知识修养,决定了他无法与刘建合作,反而苦恼起来。但是他还是继续尽其职守,规劝、匡正刘建,整治百官,尽量创造条件为民造福。

出任胶西国相职

董仲舒实在无法在江都相位上待下去了,于是,他向汉武帝提出调动工作的请求。

有一天,汉武帝正在长安城外的建章宫中批阅奏章,突然看到董仲舒上奏的简章。汉武帝思量起来,迟迟没有决断。

董仲舒传

汉武帝自觉精力不像以前那样充沛了。李少君给他炼了不少仙丹,说服后可以长生不老。近些天,汉武帝感到尤其空虚,汲黯被贬,耳旁少了个挑刺的。丞相公孙弘俯首帖耳,可以说他为皇朝中最听话的丞相。

这时汉武帝突然想起董仲舒要求调职一事,何不在早朝时听听大臣们的意见,让大家出出点子。未央宫内,群臣毕集。三呼万岁之后,文武百官静候皇上"平身"二字的出口。

"平身!"众朝臣闻声而起,窃窃私语。一个说不知今天又商量什么事。另一个说:"管他什么事,咱们只管听,皇上问到头上咱就说,不关自己的事少发言。"

汉武帝在同大臣们议论了几件事后说:"众爱卿,前不久大儒董仲舒给我上书,要求把他的江都相职位调整一下,你们看该怎么调整呢?"

主父偃是个爱出风头的人,看皇上发问,第一个走出来说:"皇上,董仲舒不知趣,刚刚恢复他江都相职务,又提出条件,我看他还接着当江都相吧!调职之事以后再说。"

又有一个官员颤颤巍巍地走上前来跪下说:"微臣信奉黄老之学。皇上已给董仲舒安排了二千石的官衔,任江都相我看就不错了,还往哪里调呢?"

丞相公孙弘跨步向前,跪而言之:

> 皇上圣明。臣认为,皇上刚刚即大位,就重用儒者,儒者天下之师也。董仲舒"罢黜百家,独尊儒术"受到皇上重视,给他安排到江都当相国,他理应干得很好。可他还是让皇上不满意。我看,胶西国现在正缺相国,皇上不如让他到胶西国为相,如何?

汉武帝听过之后,半天没有说话。他得好好思考公孙弘提出的建议。董仲舒去胶西国任胶西相真的合适吗?国王刘端会听他的话吗?可是不让他去胶西,又去哪里呢?最后皇上还是下决心让董仲舒出任胶西相。

"严助,你来起草诏书,调董仲舒任胶西国相国。"

"是!"严助跪着回答。

时间不长,诏书拟好了。

"杨得意,你去宣旨。"皇上说。

"是!"

公孙弘早就嫉恨董仲舒。因董仲舒看不惯他逢迎拍马、见风使舵的作风,批评他"从谀"。这回正是出气的机

董仲舒传

会,可借别人的刀杀董仲舒,出出这口恶气。表面看是公孙弘出主意让皇上给董仲舒安排一个二千石级的官,心里却是设圈套把董仲舒置于死地。

为什么说公孙弘想借刀杀掉董仲舒呢?那胶西国王刘端是汉武帝的哥哥,排行第七。在吴楚七国平叛中立下战功,被封为胶西王。他为人暴戾残忍,比他的王兄江都王刘非更骄横,平时滥杀无辜,胡作非为,多次犯法。

汉武帝怕他闹独立、搞分裂,派去好几任相国辅佐和监督他,结果都没有落得好下场。刘端挖空心思找他们的毛病,捏造罪名,向朝廷告状。找不到罪名,就将他们害死。公孙弘推荐董仲舒去胶西国任相,不是借刀杀人是什么?

胶西国在现在山东高密一带,距离汉朝首都长安有几千里路,那是非常远的地方了。那时候出远门只能乘马和坐马车,这几千里路得走几十天才能到。胶西国天高皇帝远,刘端想怎么着就怎么着,王法根本管不着,或者说他的话就是王法。胶西国实际上是刘端为非作歹、横行霸道、为所欲为、针插不进水泼不进的独立王国。

有一天,董仲舒正在家中往菜园里浇水,家人跑来说:"董大人,圣旨到。"

第三章 坎坷仕途

董仲舒急忙走到前院,一看满院子皇宫的人。杨得意一见董仲舒便说:"董仲舒接旨。"

董仲舒连忙跪在地上。

杨得意尖声尖气地念道:

> 朕承汉室大统,首以用人为要。调江都相董仲舒任胶西相,立刻即任不得有误。钦此。

"谢皇恩,遵旨。"董仲舒跪在地上说。

胶西国王刘端的情况,董仲舒早已得知。心想,自己愿意为朝廷出力,可没想到是去这个地方,这肯定是公孙弘的主意。公孙弘怨恨他、嫉妒他,只是没有机会报复他。这回,算是找到置他于死地的机会了,公孙弘真是太狠毒了。可不去又不行,哪敢违抗圣旨呢?去也得去,不去也得去。

董仲舒急忙收拾行李,在汉武帝元朔六年(前123年)的一天,携全家老少坐上马车急匆匆地离开京都长安城,向偏僻的胶西国驶去。在路上整整颠簸了几十天,才到达那里。

一看城内的房屋建筑、百姓的衣着,比江都国差太多了,董仲舒的心都凉了大半截。再想想胶西王刘端的为人,

董仲舒传

董仲舒的心都凉透了。可又有什么办法呢?既来之则安之吧!

胶西国王刘端是汉景帝之子,汉武帝刘彻的哥哥。刘端在汉景帝三年(前154年)受封。他与江都易王刘非虽然是同母兄弟,但这两个同胞兄弟却不一样。刘非是一个狂傲而有抱负的政治家,刘端则由于生理上的缺陷,造成他心理上的变态。

刘端违法犯罪多次,朝廷上下多有微词,不少人请求汉武帝诛杀刘端。汉景帝和汉武帝却不忍心伤害他,"刑不上大夫"始终是封建社会法治的宗旨。刘端便更加肆无忌惮,频繁作恶。在朝廷上下的一再请求下,汉武帝只得以削去胶西大半个国土作为处罚。

汉武帝的处罚激恼了刘端,他不理朝政,稍有怨恨便杀人取乐。国中府库财物腐坏、损失累以万计。他还令官吏不得收取百姓的田租和赋税,致使胶西国断绝了财政收入。由于财力紧张,刘端撤去所有的卫士,关闭所有的宫门,要求百官、百姓只从一个大门进出,自己则到各郡国游玩。

千石是汉代的官职。汉初,诸侯王国享受这一级别的官员有太傅、相、御史大夫及诸卿。相二千石,俸月二万。这些人奉皇上之命辅助诸侯国王治理王国。刘端总跟这些中央任命的国相过不去。即使没有什么罪证,他也想办法用毒药害死他们。

刘端往往使用进退两难的方法来加害国相。国相以大汉朝廷的法律来治国,他就找借口,说国相不尊重自己的意见,从而加害他们。如果依照刘端之法来治国,中央又认为国相失职,朝廷又不会放过他们。

胶西国王刘端早听说董仲舒很有学问,心里有些敬佩,但不愿意从面上表现出来。董仲舒全家到来之后,第一天刘端礼节性地看望了一下,以后连续几天不露面,也不让下官探望,只是好吃好喝地侍奉董仲舒。

董仲舒一看就明白了几分,胶西王刘端这是看不起他,给他下马威呢,他干脆来个不理睬。董仲舒就把自己关在家里,专心致志地研究起《春秋》来。

时间一天天地过去,胶西王刘端见董仲舒天天不出门,觉得奇怪,这董夫子整天在家干些什么呢?就派人探视了一番,得知他在研究《春秋》。

刘端想这哪儿行呢?让他当胶西相是来辅助管理胶

董仲舒传

西国的,有事还得跟他商量,让他出主意,有的还要让他操办。他只好去请董仲舒上任,而董仲舒很有分寸,每次接触都依据礼义提出自己的见解。

胶西王刘端想问董仲舒勾践伐吴的事情。有一天深夜,刘端坐马车向董仲舒的宅院急驰而来,马车进了胡同,在一四合院门前停下。

"咚咚咚。"敲门声响起。

"谁啊?"董仲舒隔着门问。

"是我,刘端。"

"噢,胶西王啊!"董仲舒急忙打开院门。

"胶西王,这么晚了还光临寒舍有什么急事啊?"董仲舒一边请胶西王往屋里走一边问。

"咱们屋里谈。"胶西王说。

等胶西王坐下之后,董仲舒又一次问:"胶西王,有什么事情呢?"

"我今天来有一事请教,还望相国指点。"胶西王客气地说。

"不敢当,不敢当!请讲,请讲!"董仲舒客气地说。

"相国,我听说勾践讨伐吴国时,越王勾践与大夫泄庸等三位谋士共谋良策,终于把吴国打败,消灭了吴国。国人称勾践是靠三谋士灭吴的。我也看了许多书,书上都是这么说的。齐桓公称霸是依靠管仲。胶西国要称霸于世,只能依靠相国仲舒了。"董仲舒听刘端这么说,就明白了他的来意。

胶西王把董仲舒比作管仲,就是想让董仲舒跟管仲一样辅佐他与汉武帝对抗,把胶西国变成独立王国,再扩充地盘统领天下,把汉武帝赶下台,由他坐天下。

听到这里,董仲舒出了一身冷汗,怎么办呢?不顺从胶西王,日后他一定会想办法除掉自己,可是顺从他并给他出主意篡夺皇权,这天理不容,万万不可取。皇帝对胶西王刘端不薄,赐给他诸侯王。可他仍然不知足,还想当皇上,真是人心不足蛇吞象。

思来想去,董仲舒不敢直言相劝,怕说得太直而事情办不好,反而惹来杀身之祸。只好采取规劝的办法,委婉地说服胶西王。

董仲舒站起来,拜了两拜谦虚地说:

仲舒才智一般,孤陋寡闻,恐怕难以为大王决断

什么事。但是,既然大王有事问臣下,按照礼数,臣不敢不竭力来解释,以尽效忠之心。

董仲舒看了一眼刘端,说道:

臣听说,有一次鲁国国君问柳下惠:"我想攻伐齐国,你看如何?"柳下惠却直率地说:"大王不能这么做。"下朝后他想:"古人说,谋划攻伐之事是不问仁人的。今天国君问起我这件事,难道我柳下惠不仁吗?"柳下惠被鲁君询问后,深感羞愧难当。

越王的五大夫何况与越王谋事,并取得成功。比较一下,他们之间的差别太大了。由此来看,越国本来就无一位仁人,哪来三仁呢?仁人不应该有占便宜的想法,也不能有日后图报的想法。要想成为仁人,对一国之君来说,就应该致无为。

历史上的三王之治是当代人的楷模,而三王都无为而治。从《春秋》大义来看,《春秋》是以仁为标准来衡量历史上的许多事情的。它重视信用而轻视诈骗取功之术。通过欺诈行为而获得的胜利,即使对自己有利,君子仁人也不会去做的。

正因此,孔子的门徒都瞧不起春秋五霸。他们的行为不足以为仁人君子们所称道。当然,春秋五霸与其他诸侯相比较好像是贤才,但是若将他们与贤士们相比较,哪还有什么贤能呢?

这晚上,他俩谈到很晚。董仲舒说话的时候,胶西王不时插上几句,俩人谈得很融洽。胶西王佩服董仲舒学识渊博,觉得董仲舒说得有理,就打消了谋反叛乱、称王称霸的想法。

刘端一看时间很晚了,就说:"听相国一席话,胜读十年书。我一定听相国的,把全部心思放在胶西国的事业上,让这里的百姓丰衣足食。告辞!"说着起身就走。

董仲舒连忙将胶西王刘端送到大门口,看着他上车渐渐远去,才松了一口气。刘端很钦佩董仲舒,尤其对董仲舒的"天人三策"更是佩服得五体投地。所以,刘端并不想难为董仲舒,反而对董仲舒很好了。

在国政大事上,刘端多请董仲舒作论断,还向董仲舒请教一些为人、治学等问题。

董仲舒传

　　董仲舒久闻刘端性恶,深知胶西国绝非自己久居之地。但董仲舒并不懈怠自己的工作,他依然履行着"知其不可为而为之"的儒家精神。

　　胶西国在董仲舒的悉心调理之下,百废之业又走向了好转。在胶西国的几年中,董仲舒为人正派,身体力行,一心想着老百姓,并根据礼义纠正胶西王刘端的一些错误想法,使儒家的教化在胶西国得以实行。胶西国社会稳定,百姓生活水平逐年提高,百姓很是满意。

董子春秋繁露

楚莊王

第四章
晚年生活

漢 董仲舒 著
明 陸雲龍 校

春秋尊禮而重信信重於禮禮尊於身春秋義之大者也得一端而博達之觀其是非可以得其正法觀其溫辭可以知其塞怨是故于外道而不顯于內辭而不隱于尊亦然于賢亦然此其別內外差賢不肖而等尊卑也義不訕上智不危身故遠者以義諱

违心地辞去官职

　　董仲舒机智的回答虽然躲过了刘端的刁难，但是，他仍然心有余悸。那一年，董仲舒已经年迈。他思量自己这些年的经历，再回顾自己仕途的艰辛，空有满腔报国之志，终不能实现。不是有小人嫉妒自己的才能，就是伴君如伴虎，终日提心吊胆，不知魂归何处。

　　董仲舒思量再三，以为命该如此，便感到心力交瘁，仕途已尽，不如早日退职隐居，谋己之道。于是，他便给汉武帝提出辞呈，申明自己年老体弱多病，力不从心，只想归隐起来勉力报国，尽一份悠悠的余热。

　　董仲舒本是出于不得已，才借口年事已高、体弱多病而给汉武帝上书，违心地请求辞职归退。然而，他却如"愿"以偿。

　　董仲舒上书的目的是很明确的，其实，他是想给汉武帝提个醒，暗示汉武帝任用不当，耽误了自己前途，能否调换个地方。所以，自上书之日起，他心中就在忖度，汉武帝

董仲舒传

是否明白自己的用意。然而,汉武帝不知是根本就没有想,还是觉得董仲舒已经没有留用的价值了,就做了个顺水人情,免得在眼皮底下增加麻烦,于是同意了。

董仲舒接到圣旨之时,心情很复杂。他深深地叹了一口气,不知是为了国家还是为了自己,不知是轻松还是心酸。

辞官归居,确是无官一身轻,不必再去周旋,不必再去提心吊胆,不必再奴颜婢膝和察言观色了,以后可以想自己所想了。然而,董仲舒的心底泛出一股酸酸的失落感。

本是不得已而为之,加之人总在该真正轻松之时心情却并不轻松,所以他心中滋生出了远离尘嚣喧闹环境后,反又对这种环境有些难舍。实际上,他对汉武帝有一种偏执的认识,就是汉武帝是位有所作为的皇帝,他是能够任用有才能的人的。他相信汉武帝是能认识到自己的才能的,然而他确实错了。

董仲舒辞呈准奏,在同僚们看来是件幸事。董仲舒便装出副轻松而满意的样子,四处和朋友、同僚们招呼告辞回家。他自然要和胶西王告辞。胶西王并不强行挽留,只是关照地说了几句客套话,要董仲舒多保重身体。其实他

的身体还挺硬朗,辞归之后,他还活了二十多年呢!

董仲舒回到相府,随从们已知主人的辞退批准之事。他又跟大家做了说明。当天晚上,相府里就忙开了,大家整理行囊,准备回家。董仲舒本就是个清廉之人,又始终不肯治家业,所以没有什么家当,就是随身带的几套衣裳。要说他有什么家当的话,那就是书。当时的书还是竹简,很重,而董仲舒的家当几乎全是书。

董仲舒告别了匆匆来又匆匆离去的胶西国,他没有为胶西国挥泪而别的场面,但他却是满怀失望和忧伤离开的。他和随从们登车上路,由胶西国向京城进发路上,少不了顺路游览,没有什么事也不用着急,反正只是回家。

董仲舒与其他人不同,他一路上看到紧张而勤劳的人们,就想到自己就此可能再无报效国家的机会了,心中很不是滋味。再联想自己一生的追求,终落得一事无成,心中更是不服。

董仲舒年少就喜好《春秋》,并兼学了各家学说。然而,由于时世的变迁,儒家思想在当时并不受欢迎。儒家学说最终被朝廷看作一门学问时,自己虽被景帝授予博士,却未被任用。这时除了自甘承认才疏学浅且继续钻研之外,

董仲舒传

其他就不去多想了。

自从回乡钻研学问多年，又兼传授春秋公羊学，终于得以在元光年初声名大振。然而，汉武帝没有真正重用自己。远去江都国，带着初入仕途的浓烈情趣和满腔的报国尽忠的抱负，与江都王刘非有着非常愉快的合作。结果却并非尽如人意，虽然得到江都百姓的拥戴，却被不明不白地废黜降职为中大夫。

主父偃张狂，汉武帝却总是信从，著《灾异之论》确实是他为国家忧虑，可是却不被理解，差点儿还丢了性命。复出江都国，今非昔比，江都国少主刘建并不像他父亲刘非那样有政治抱负，作恶多端，无法合作。

谁知刚出虎口却又进了狼窝，公孙弘使坏，虽然同意调出江都国，却调入了杀害二千石国相而扬名的胶西王刘端手下。好在刘端尊重自己，但他有心理障碍，并有一种如履薄冰的感觉。

唉！董仲舒微闭双眼，倚在座位上摇了摇头。这一生就这样过去了，虽然他始终不懈地想做点事报效国家，但始终没有成正果。如今已经年迈，还能再做什么挣扎呢？

董仲舒摇头叹息，满怀忧愤和恼怒。不遇时啊！不遇时啊！他神情忧伤，心中好似有不吐不快之感。他才思泉涌，到家的当天晚上，他就挥笔写下了脍炙人口的《士不遇赋》：

唉，多么长久，又多么遥远。时运降临得这么迟，消失得又那么快。违背初衷而追随他人，不是我们这类人所做的。唯有端正自己的行为，等待岁月的流逝，渐渐走近生命的尽头。忧思伴随着时光流逝，何时才会醒悟？心中充满忧伤，不再奢望禄位。一生中匆匆忙碌，只是给自己带来羞辱，尽力想有所作为，反而徒劳无益，适遭其咎，只好不出家门，希望不再有过失。

一生不能遇上夏商周三朝的鼎盛时期，却赶上夏商周末期乱世败坏的习俗。人人都希望通过狡诈去获得亨通，只有意志坚贞、行为光明正大的人才会自觉约束自己。即使每日多次省察自己的言行，日常依然是小心翼翼，不敢贸然行事。社会上有不少这样的人，颠倒黑白。眼神很柔美，却不幸失明了；有能言善辩的口才，说话却吞吞吐吐。可惜鬼神不能改变人间事物的变异和乖戾，圣贤也不能使愚人

改变其邪恶和迷乱。所以在外就仕不可与他们结伴同行,然自己怀藏才学,等待时机,又遭他们的讥笑排斥。只好退下,通过自省自责,不断加强自我修养,尽管这样,仍不知究竟朝哪条路走。

　　回想上古时代政治安定或混乱时,廉正的人也孤单无依而无所归属,商汤时代有卞随和务光,周武王时代有伯夷和叔齐。卞随和务光想避世,结果投水自溺;伯夷和叔齐因避周而一起登上首阳山,采薇度生。倘若那些圣贤尚彷徨疑惧,那么整个社会,必将陷入迷茫而分辨不清。好像伍子胥和屈原,虽然已到了对故国不值得眷恋的程度,但仍不舍得与上述四人一样,游历到很远的地方,却依然思慕故国。当我们这批人谈到远游时。就会思考到路途荒僻、难于行走,因此君子竭尽辛苦,为了迅速实现自己的目的,应经常提醒自己要忍受饥渴。感叹普天下的人都违背了这个原则,让人感到竟无人可以与自己共进退。不如回到那儒学的事业上,不要再随着社会形势的起伏而轮转。虽然改变了本性就能获得百利,仍不如端正心意集中到某一有益的事业上来。很多人是受到某种压力才行动的,怎能说那是人的天性就是狭隘的?占卜得"同人"和"大有"两吉卦。"谦"卦上也说,尊者有谦而更光明正大,预示着应照此而办,应默默无闻地起步干,为何要显示才华而祈求显达?只要人在大的主要方面取得一致,哪里需要注意那些琐细的、外部的事情呢?

董仲舒的《士不遇赋》实质是通过抒发胸臆,确立他晚年的人生观。为了真理,即使自己受点屈辱又会怎么样呢?把余热献给国家,做一点儿善事,这是他的心愿。所以,他晚年虽然辞职归退,但仍然热心地关切国家大事。

参与泰山封禅活动

董仲舒回到京城,住进了熟悉的陋巷。他虽然蛰居在家,但是仍然关心国家大事。朝廷如有大议,也会有一些人到他家询问他的意见。

汉武帝元狩年间(前122—前117年),一些阿谀之臣趁

董仲舒传

机奏本,说是天降祥瑞,劝皇上到泰山封禅。汉武帝准奏,命丞相刘屈氂为封禅使,主管运筹。刘屈氂虽然是丞相,但对封禅礼仪懂得非常少。

想到曾为胶西相的董仲舒,其故里广川距离泰山不过三五百里。董仲舒年轻时前往齐鲁学公羊春秋,后来又为官胶西,曾经几次登临泰山,封禅礼仪以及沿途人文地理都比较熟悉。便轻车简从,前往董府请教。

当时董仲舒从胶西国退隐后,居住在长安陋巷专事著述。在此期间,汉武帝经常派大臣和内侍前来问事,所以刘丞相的到来并没让他感到意外。

见过大礼,问明来意后,董仲舒沉吟片刻,说道:

封禅是世代大典。据老朽所知,自无怀氏起,至周平王,先后有72君到泰山封禅。前朝始皇帝和二世均曾去过。今天子接万岁之统,开创汉之先河,封禅泰山,顺天应时,国之幸也!

问及封禅礼仪,董仲舒告诉刘丞相:

礼仪因人因时而异。当今圣上,德比尧舜,功盖三皇。一切应在始皇帝之上,路线也应另辟。至于其他的事情,应当察圣上之意,随机应变。

元封元年(前110年)春天,汉武帝首次封禅泰山。经过丞相刘屈氂力奏,董仲舒在古稀之年被任封禅使议事,相当于顾问之类,随驾御辇左右。

皇上出朝,地动山摇。汉武帝所乘銮驾,上有曲柄华盖遮日,下面黄土铺路,前后左右刀、剑、戟、殳林立,各班侍卫、统领、郎中蜂攒蚁聚,黄龙大纛迎风飘摆。朝中文武,车马相随。按照董仲舒的意见,护从属车有九九八十一辆,封禅大队人役有9999名,清一色的黄马有9999匹,取普天下的大吉之数。

驾离长安,沿途所经郡县官役及兵卒全力警戒,黎民百姓跪伏道旁恭迎。绵延数十里,车辚辚马萧萧,万岁之声震天。参照董仲舒的建议,由汉武帝钦定,封禅路线由潼关经洛阳,奔轘辕关,先祭中岳嵩高,然后东巡海上,再西返泰山。

汉代的嵩高又称太室山,后世称嵩山。周平王东迁洛邑之后,封嵩高为中岳。元封元年(前110年)三月,汉武帝

董仲舒传

的封禅队伍抵达嵩高。武帝亲率群臣,登嵩高顶。途中能听到松涛声响,谷涧风鸣。

汉武帝指指点点,不时发论。群臣诺诺,百官唯唯。忽然,汉武帝止住脚步,侧耳细听,问左右:"是什么声音呢?"

群臣皆不作声,丞相刘屈氂急忙跪下:"启禀圣上,臣下闻得山间有高呼万岁之声。"

汉武帝惊喜地望望群臣,群臣俯地应声:"臣等亦闻山中有高呼万岁之声。"

汉武帝望望前面,又望望后面,问道:"是谁在高呼呢?"百官皆面面相觑。

其时,董仲舒奏道:"圣上,此乃山神所呼。"

"为什么而呼呢?"

董仲舒答道:"欣逢盛世,幸遇明君,山呼万岁,为求封典。"

汉武帝大悦,就封此峰为万岁峰,令祠官加增太室祠,以山下三百户赐为太室奉邑,名为"嵩高邑"。又诏令邑官,在山上建万岁亭,山下建万岁宫。

隋朝大业初年,"嵩高邑"改为嵩阳县。唐武则天封禅中岳时又更名为登封县,沿用至今。

汉武帝车队离开嵩高之后,先奔东海,行礼祠八神。祭过八神之后,西返泰山。事前,汉武帝已下诏在泰山脚下设奉高县,即现在的泰安城,为当时泰山郡治所。

泰山,初叫"岱山",又叫"岱宗"。秦始皇封禅时,已在南麓祭祀天地处修建岱庙。汉武帝元狩六年(前117年),泰山郡守遵武帝旨意,在岱庙附近修建明堂和行宫。元封元年(前110年)四月,汉武帝由东海返回泰山,到后先祭岱庙拜东岳大帝。相传东岳大帝乃天帝之孙,主管召人魂魄,安排人生的长短。

汉武帝拜东岳大帝,求其保佑自己生命永驻,长生不老。烧过纸香,汉武帝默祷良久,然后东进炳灵门,亲手栽下五棵柏树。当时御驾左右,仅丞相刘屈氂、奉车子侯霍嬗和董仲舒等数人。其余车马随从都在外面守候。

岱庙四周,布满车、扇、幡、旌。车分金、玉、象、革、木等五辂;扇有雉尾扇、孔雀扇、寿字黄扇、吉字赤扇、鸾凤赤方扇、单龙双龙赤、黄团扇、赤满黄满单双龙团扇等;幡为龙头、豹尾、金节、银节、霓幢、黄麾、仪锽氅;旌旗有日月风云雷雨二十八宿五星五岳等。

之外,还有金钺和乐队。乐师分别操三层编钟、两层编

董仲舒传

磬、扁鼓、建鼓、五弦琴和十弦琴、二十五弦龙尾凤头瑟、葫芦斗笙、十三管排箫和七孔横吹竹笛等。根据董仲舒指点，汉武帝进入岱庙，便五音和鸣。

离开岱庙，汉武帝仍由刘屈氂、董仲舒等少数人陪同，登山行封禅大典。所谓"封"，就是到山上筑坛以祭天，坛设岱顶，即玉皇顶，又名天柱峰；所谓"禅"，即在泰山周围某个小山扫除以祭地：封和禅是一个礼仪的两个步骤。秦始皇禅的是梁父山，在泰安东南，也就是后来的徂徕山，并非现在徂徕山南面的梁父山。

汉武帝因示自己功盖秦皇，便采纳董仲舒建议，没有禅梁父山。当时，汉武帝一行是取泰山东溪故道，由奉高到谢过城，再向西北经柴草河、大直沟直达中天门。

途中见到虎山，汉武帝问起山名来历。董仲舒说：

有一次，孔子路过这座小山，见一个妇女在坟前恸哭。问时，妇女说她的公公、丈夫和儿子先后被老虎吃掉了。孔子问她为什么不赶快离开，她说因为这里偏僻，没有苛政。孔子听后感慨地说"苛政猛于虎"。从那以后，人们便叫这山为虎山。

汉武帝闻之,深有所思。对左右说:"朕这次出巡,给沿途和山下百姓增加不少负担,事毕当减赋税。"

由中天门向上,过"快活三里",见一株古松。董仲舒告诉汉武帝,当年秦始皇帝由邹峄山到此,不巧天下暴雨,便在这棵树下休息,封其为"五大夫"。武帝即命祠官在此处建亭,名"五松亭"。

一路之上,飞瀑流泉,松涛鸟鸣,奇峰异石,令汉武帝眼花缭乱,心旷神怡。登上岱顶,在"孔子登临处"瞻望齐鲁,汉武帝不禁赞道:"高矣,极矣,大矣,特矣,壮矣,赫矣,骇矣,惑矣……"

古登封台在天柱峰顶的西北侧。汉武帝至时,坛已筑好,高九尺。艳阳高照,晴空万里,和秦始皇封禅时暴雨狂风成鲜明对照。

董仲舒对汉武帝说:"此乃圣上洪福所致。"汉武帝捋须大悦。

侍臣捧过金香炉、玉牒书,汉武帝命一切从人回避,只留奉车子侯霍嬗二人登坛,开始祀昊天上帝。山下万民顶膜叩拜,群臣侯王皆三呼万岁,鼓乐齐鸣,惊天震地。

祭祀完毕之后,汉武帝和刘屈氂、董仲舒等信步走到

玉女池旁,观赏秦始皇父子封禅时的诏书。小篆刻石是丞相李斯亲笔,字数虽然不多,但字字屈铁碾玉,清瘦秀齐。

汉武帝一边看一边赞叹,想到本朝大臣书法皆在李斯之下,自己即便立碑,字也逊色很多!就问身旁的董仲舒:"朕欲立碑,不知应该由谁书丹?"

董仲舒心里想,前朝已经有先例,皇帝诏令,丞相书丹。汉武帝这样发问,分明是不以刘屈氂书法为然。自己如果推荐别人,势必伤及刘丞相。于是婉转回答道:"圣上功德卓绝,任何话语都难以表达。为臣之见,不如立一无字之碑。"汉武帝称是,就如董仲舒所言,在岱顶立无字碑,至今尚存。

第二天,汉武帝从阴道而下,禅于泰山东北的肃然山。而后返回奉高明堂,颁诏免去当地黎民该年田租、赋税,赐给70岁以上孤寡每人布帛两匹,每百户赐一头牛、十石酒。随行文武百官侍从杂役,全都行封赏。董仲舒伴驾有功,秩增五百石,子孙官加一等。

第四章 | 晚年生活

与司马相如赏赋

董仲舒不仅是经学家,在辞赋方面的造诣颇深,与当时的辞赋大家司马相如是挚友,晚年又以辞赋结交东方朔。

司马相如是四川成都人,虽然口吃,但能文善赋,风流倜傥。年轻时四处游学,在河间国献王刘德处和董仲舒相识,二人谈得很是投机。

说起蜀中名人和特产,司马相如说:

> 蜀中锦绣堪称天下一绝。锦有雨丝锦、方方锦、条花锦、散花锦、浣花锦、民族缎等,质地坚韧,色彩鲜艳,图案或为神话故事,或为山水人物,或为花鸟草虫。绣技独特,仅针法就有晕针、切针、拉针、沙针、汕针等百余种,短针细密,针脚平齐,片线光亮,变化丰富。

董仲舒说:

董仲舒传

听君之言,此物堪与广川所产裘服媲美。昔日比干在广川为官,教民制装,技艺精湛,传留至今。凡是虎豹狼百兽的皮毛,都要在大缸之内加硝石泡制,晾晒铲洗之后即皮板柔软,毛质洁净,缝之为褥,缀之为装,暖而无味,雍容华贵。自周以来,便作为贡品。

接着,董仲舒将自己随身所带裘服赠送司马相如,作为纪念。司马相如以雨丝锦相赠,说道:

蜀都除了锦绣,还有冶铁之业,首富当推临邛卓氏。细论起来,这卓氏与君还是同乡。当年秦灭六国,破赵后将卓氏迁往临耳,数十年苦心经营,而今已名扬巴蜀。

董仲舒问:"卓氏家中是不是有个叫卓王孙的?"

司马相如说:"正是此人掌管家产,其父想必已经亡故。"

董仲舒说:"当年祖父在赵国居官时,和卓王孙的祖父、父亲交从甚密,这卓王孙的父亲亦曾几度赴广川置裘衣、买枣油,据说就住在自己家中,说来也算世交呢!"

说罢董仲舒取出素帛,写一书信交付司马相如,托其探家时顺便送去。两人河间分别之后,司马相如南下梁国,在那里写了一篇《子虚赋》,描述诸侯狩猎之事,深得梁孝王赏识。但不久梁孝王去世,司马相如便辗转回到老家成都,专程到临邛卓王孙家中,送去董仲舒的书信。

卓王孙富可敌国,家中僮仆八百,交往的多是豪门大贾、官宦名流。因为已经听祖辈谈及在赵国时与董家的交情,接到董仲舒的书信后,对司马相如也高看一眼,便设宴款待。

席间,司马相如献出《子虚赋》传诵,又慢调琴瑟,轻指抚弦,弹奏了两首美妙动听的曲子。卓王孙有个女儿名叫卓文君,丈夫刚刚去世,还在娘家寡居。她爱好辞赋,精通乐理,见司马相如气度雍雅,容貌俊美,就产生了倾慕之感,便于深夜之中偷偷离家,和司马相如私奔。

司马相如携着卓文君同回成都,过着贫寒的生活,最后把董仲舒赠送的裘服都卖掉了。卓文君虽很难过,且让司马相如再变卖家产,临街租小店卖起酒来,但是生意不景气,只能辛苦过日子。

司马相如写信让人捎给董仲舒,信中恭维之至,同时

董仲舒传

把自己的窘境告诉了董仲舒,一来请董仲舒在卓王孙处斡旋,二来求其从生计和仕途上帮忙。

董仲舒又给卓王孙写去一帛,劝慰卓王孙说:

文君和相如之事,虽然有悖于义道,木已成舟,就应从长计议。文君有过,毕竟是你的女儿。相如固穷,但文才盖世,只是时运未到。目下二人为生计所困,于你脸面上也不光彩。倒不如公开认下这门亲事,减少将来的一大遗憾。

董仲舒还寄书临邛县令,请其前往卓家说情。卓王孙有些回心转意,便分给卓文君百余个僮仆,上百万两钱财以及一些贵重之物作为嫁妆,司马相如一夜之间成了大富翁。

为了给司马相如谋个前程,董仲舒在朝中进行活动。得知侍奉汉武帝猎犬的监官杨得意也是成都人时,就请求他将《子虚赋》转呈给汉武帝。

汉武帝看过《子虚赋》后大加赞赏,自言自语地说:"朕想要见此人。"

杨得意趁机说作者是臣的同乡,汉武帝即传旨召见司马相如进宫。之后,司马相如又为武帝作《上林赋》,叙述天子游猎之事。汉武帝读了很高兴,封其为郎官。后来又命其出使西南夷,封孝文园令。

司马相如总觉得自己大材小用,常称病在家,和卓文君抚琴作赋。董仲舒自辞去胶西相,退居陋巷著书立说之余,常去司马相如家中做客。一起议论辞赋的还有侍郎东方朔。东方朔是山东惠民人,与广川相距不远,在朝中论起来和董仲舒还算是同乡。

有一次,几个人又在司马相如家中聚会。司马相如患有消渴症,即后来的糖尿病,守着茶壶不停地喝水。卓文君取出瑶琴,弹了一曲"高山流水"。之后,东方朔要她弹奏当年相如用琴声向她暗中求婚时弹的《凤求凰》。

卓文君含笑,一边弹奏一边吟道:

凤兮凤兮归故乡,遨游四海求其凰。时未遇兮无所将,何悟今夕升斯堂……

司马相如叹道:

年华易逝,转眼白发。岁岁虚度,一事无成,不堪回首话当年呀!

董仲舒传

董仲舒似有同感,说道:

我等远离故乡,四海遨游,时不遇兮,有负此生!

东方朔摇头道:

二位老兄所言差矣!一个辞赋之冠,《子虚赋》《上林赋》皆千古名作,开大汉一代赋风;一个群儒之首,三对天子策,两任骄王相。二者皆为日月经天,何言一事无成,有负平生呢?

司马相如道:

辞赋实乃小技,皇上视其为玩物罢了。我写的那些东西,都是违心而言,没有一篇比得上董大夫的《士不遇赋》,"屈意从人,非吾徒矣。正身俟时,将就木矣……"悲愤而高雅,多好!

董仲舒道:

相如过奖了。若论直抒胸臆,东方朔的《答客难》堪为上乘。为兄最欣赏:"故绥之则安,动之则苦;尊

之则为将,卑之则为虏;抗之则在青云之上,抑之则在深渊之下;用之则为虎,不用则为鼠。虽欲尽节效情,安知前后?"令人似见屈原大夫仰天长啸之状!

卓文君说:"既然你们同病相怜,心有灵犀,待我轻抚瑶琴,共吟贾谊大夫的《鹏鸟赋》如何?"三人称善,遂吟道:

……夫祸之与福兮,何异纠缠;命不可说兮孰知其极!……天不可预虑兮,道不可预谋;迟速有命兮,焉识其时!

一曲过后,又吟《吊屈原赋》:

……鸾凤伏窜兮,鸱枭翱翔。阘茸尊显兮,谗谀得志。贤圣逆曳兮,方正倒植。谓随、夷溷兮,谓跖、蹻为廉。莫邪为钝兮,铅刀为铦……

吟罢又议,议罢又吟。琴声委婉,辞赋悲壮,感慨万端。

董仲舒传

与李延年商榷《郊祀歌》

董仲舒和李延年是忘年交。李延年是中山国人,出身乐工世家,知音律,善歌舞。先秦和汉初,朝廷内设太乐官署,掌管郊庙朝会的贵族乐章,即雅乐。

汉武帝在位的时候,诏令在太乐官署之外,另立乐府官署,掌管俗乐,封李延年为乐府协律都尉,主持创作《郊祀歌》。因前朝没有先例,李延年便驱车登门找董仲舒商榷。

董仲舒以燕赵老朋友相待,说道:"亲躬至此,难道有用得着我的事情吗?"

李延年便说起皇上让创作《郊祀歌》的事。董仲舒说:

圣上英明,《春秋》有言,昔日国有五礼六乐。祭祀之事有吉礼,冠婚之事有嘉礼,丧葬之事有凶礼,还有宾礼、军礼。礼和乐并存,《云门》为黄帝之乐,《大成》为尧帝之乐,《大韶》为舜帝之乐,《大夏》为禹帝之乐,

《大濩》为成汤之乐,《大武》为武王之乐。亦礼亦乐,国之道也。今圣上方兴天地诸祠,立乐府,欲造乐,承前启后,千秋之功业矣!

李延年有些为难地说:"但是,从前虽有郊祀之事,并没有郊祀之歌。弟子稚幼,浅见寡闻,请师尊多多赐教。"董仲舒说:

到城郊祭祀上天,是古代最隆重的礼仪。《春秋》言:天子祭天,诸侯祭地。只有天子才能到郊外祭天呀!祭天早于祭百神,所以每年正月的第一个辛日便为郊祀之日。礼仪规定三年丧不祭祖先,但郊祀不在此列,说明郊祀比祭祖宗庙堂重要。既然郊祀在祭祀中的规格是最高的,《郊祀歌》的辞、乐就应不师故巢,应广博闳丽,气势磅礴,感天动地。

李延年告诉董仲舒:

乐府官署成立以来,采集到不少民歌。其中吴、楚、汝南等地有15篇;雁、代、雁门、云中、陇西等地有9篇;赵、河间及齐、郑、淮南等地各有4篇;还有一些

董仲舒传

地方的声曲；总共有150多篇。虽然不是粗俗之作，但同师尊方才所要求的，相差甚远。即便弟子择优配乐，恐怕也很难符合圣上之意。

董仲舒点点头说："采集到的这些民歌、民乐，家庭和郡县祭祀时用用还是可以的。你配的乐再好，辞不高雅，朝廷也不会用。屈原的《九歌》你熟悉吗？"李延年回答："熟悉。"董仲舒说：

《九歌》就是一组祭祀之歌。《东皇太一》祭祀天帝，《东君》祭祀太阳之神，《云中君》祭祀云神，《湘君》《湘夫人》祭湘水男女之神，《大司命》和《少司命》祭祀主寿夭和子嗣之神，《河伯》祭祀黄河之神，《山鬼》祭祀山神，《国殇》是祭祀沙场牺牲的将士，《礼魂》是送神之曲。祭祀时这些歌都是可以通用的。其辞章、其旋律、其气势堪称无二，这是为我的见解。

《九歌》这样的水平，皇上用来祭祀五畤还可以，用于郊祀还远远不够水平。

五畤是历代帝王祭祀天帝之处。五帝不是历史传说

中的黄帝、颛顼、帝喾、尧、舜,而是古代神话中的五位天帝,即分掌中央与东西南北五方的黄帝、青帝、白帝、赤帝和黑帝。祀五帝指的是祀东方青帝灵威仰、南方赤帝赤熛怒、中央黄帝含枢纽、西方白帝白招拒、北方黑帝赤光纪。

"当然,"董仲舒说,"郊祀时,这五帝也在其内,但位次都是在昊天大帝之下。"

李延年一边听一边思索,他沉默片刻,说道:"师尊一番指点,弟子对《郊祀歌》已有所悟。配乐之事,弟子自是难卸其责。歌辞是否须师尊之手笔?"董仲舒摇头道:

> 都尉差矣!愚兄才疏学浅,不过粗通公羊春秋而已。当今辞赋大家林立,枚乘、司马相如、邹阳、严助、东方朔等,都树立了一代新风。尤其是司马相如,最擅长歌功颂德、铺张扬厉之体,每为圣上悦之。其大作《子虚赋》开头叙九百里云梦,是何等气势!《上林赋》最后一节,其意义何等深奥!

董仲舒说罢,情不自禁地吟诵起《上林赋》来:"若夫终日暴露驰骋,劳神苦形……"

"师尊之意,《郊祀歌》的辞非司马长卿莫属了?"李延年问道。

董仲舒传

"司马长卿固有其才,"董仲舒道,"《郊祀歌》实非一人能为。都尉当奏明圣上,聚天下辞赋大家,选作诗赋,略论律吕,以合八音之调,作郊祀之歌。"

"多谢师尊!"李延年大悟。就如董仲舒所说的那样,他奏明汉武帝,由司马相如和邹阳等数十人创作诗赋。最后,选作19种20篇,由李延年配乐,制成了《郊祀歌》。不仅用于汉朝,而且被历代王朝所承袭、模仿、发展。

回答张汤问郊事

汉武帝元狩元年(前122年),此时的董仲舒已经辞归在家了。由于他居家期间仍然关心国家大事,所以,有些在朝廷之上大臣们不能达成共识的事,总是来问他,从他这里得到公断,或者得到解决问题的理论依据。当时张汤在廷尉任上,他也经常来询问董仲舒,二人因此熟悉了。

据说,张汤还很小的时候就熟悉刑狱之事。有一次,张汤的父亲外出有事,就让张汤在家看门。父亲办完事回来后,发现家中的肉被老鼠吃了,很是气愤。他责怪张汤没有看好家,还打了张汤。

张汤很不服气。他找到老鼠洞,就挖了起来。他抓住了偷吃肉的老鼠,还搜出了被老鼠吃剩的肉。张汤抓到老鼠后,还写了诉状,之后便带着诉书,"押"着老鼠及其吃剩的肉,来到他父亲面前。

张汤父亲一看张汤所写诉状,吃了一惊。因为诉状里的文辞使用得很贴切,简直像一个老狱吏。

在汉武帝时,武安侯田蚡任丞相期间,张汤被任命为史。后被推荐给汉武帝,张汤被补为御史,参加办案。张汤办案确实很卖力,在审理陈皇后一案时,曾深得汉武帝赞赏。所以,事后不久,张汤便被提拔为太中大夫。

汉武帝命令张汤和赵禹共同编定法律条文。张汤忠于职守,认真推敲文本中每一个文句和用字。汉武帝十分赏识张汤的办事能力,随后,张汤被提拔为廷尉。廷尉之官始于秦朝,汉景帝时曾经被改为大理。汉武帝时又被称为廷尉。廷尉掌管刑狱,为九卿之一。

张汤办理案件从不讲情面,是历史上有名的酷吏之一。他办案时很用脑筋,他很有办法,对案子总要深究到底。张汤很求上进,经常钻研历史上的律令和办案方法。

董仲舒传

他作判决书时,总是引经据典。公孙弘为丞相时就很佩服张汤的工作能力。

淮南王刘安、衡山王刘赐、江都王刘建谋反叛乱被镇压后,张汤作为廷尉参加审理叛国者案。张汤办案毫不马虎,不放过任何一个可疑的人。比如,在审判叛国者案中,汉武帝本来不想治严助和伍被的罪,但是张汤却不肯放过他们。

张汤上奏武帝说:"伍被本来就是参与谋划的主要人物之一,严助是刘安的爪牙。这两个人如果不依法惩办的话,以后许多事情可就不好办了。"

汉武帝被张汤说服了,于是同意惩办这两个罪犯。还有许多事,张汤总是据理力争,廉正公办。由于张汤办事很得力,所以,汉武帝提拔他做御史大夫。

有一次,张汤接到汉武帝的命令到董仲舒家,向他请教问题,因为汉武帝对郊祭之事似乎有些不清楚。

张汤就带着汉武帝的疑难,来问董仲舒:"鲁国用白牡祭祀周公,符合《礼》的规范吗?"董仲舒说:

符合《礼》的规范。

张汤又问:"周天子是用纯红色的牛和纯红色的马来做祭祀的,郡公则要求用不纯白的牛和马来祭祀。周公是普通的侯爵,怎么也用纯色的牺牲来祭祀呢?"董仲舒对该问题从历史发展来分析道:

周朝建立不久,周武王去世,接位的周成王当时年岁尚小。周公当初曾辅佐文、武二圣成就其功业,德渐天地,泽被四海。周成王因周公贤能而尊重他。《诗经》中说:无德不报。所以,周成王便用白牡祭祀周公。这样的祭祀既与祭文、武二圣不同,又与祭祀一般的诸侯不同。仲舒愚钝,以为这是报德之礼啊!

张汤又问:"天子祭天,诸侯祭土,鲁公为什么祭郊呢?"董仲舒答道:

周公辅佐成王,成王才得以成为圣王。这是周公的功劳啊!周公也是圣人,周公祭天道,故成王命令鲁公祭郊。

张汤问:"鲁公用白牡祭周公,郊祭的作用是什么呢?"董仲舒说:

董仲舒传

鲁公郊祭时用纯红色的牛和马,是因为周朝崇尚红色。由于鲁公郊祭是天子的命令,所以鲁公用纯红色的马祭祀。

张汤又问:"祭宗庙的时候,有人把鹜当作凫用来祭祀。将鹜当作凫可以用吗?"董仲舒笑着说:

显然鹜不是凫,凫也不是鹜啊!

张汤以为董仲舒并没有回答他的问题,便追问道:"那怎么可以把鹜当作凫,凫当作鹜呢?"董仲舒平静地说:

我听说,孔子进太庙时,每件事都要过问,很是谨慎。陛下亲自去祭祀,斋戒沐浴,以承继宗庙,很是谨慎,怎么会把凫当作鹜,鹜当作凫呢?犯这种常识性的错误。名实不相符合。以此来承继太庙,不也不相称吗?仲舒虽愚笨,但还认为这么做肯定是不行的。

愚臣犬马齿衰,年岁已大。承蒙陛下赐骸骨,得以蛰居陋巷。陛下又令九卿来问朝廷上没有公论之事,这实在是仲舒的万幸。其实,愚臣孤陋寡闻,实在不足以承明诏,奉大对。臣仲舒只得冒死将书上的道理用来回答一些,实在是没有自己的东西。

张汤听完董仲舒回答很是满意,遂称谢而去。以后张汤又来陋巷多次,其中有一些是向董仲舒请教法律问题的,董仲舒总能以《春秋》的基准为判断罪与非罪的标准。他的法律思想是德主刑辅,他的审判原则也是从仁道的角度出发,更多地注意罪犯的心理因素。

后来宋代著名类书《太平御览》上记载了这样一个故事:

> 甲的父亲乙跟别人丙吵架,丙想用佩刀去刺乙。甲为保护父亲,就拿起棍子打丙,不想却误伤了自己的父亲。有人说,甲打他父亲,不得了,应该杀头。
>
> 董仲舒认为,甲拿起棍子不是打他父亲的,是误伤,不是有意的,故甲不应该被判"有罪"。他的根据是《春秋》之义。
>
> 《春秋》上记载,许止的父亲病了,许止送药给父亲吃。可是,他父亲却在服药后死了。许止的本心是给父亲治病的,不想却使父亲迅速死亡。

董仲舒传

君子认为,许止的本心是好的,不给许止治罪。这是因为"《春秋》之治狱,论心定罪"。董仲舒正是接受了《春秋》中的"论心定罪"的方法来审定犯罪。他的《春秋决狱》一书也是以"论心定罪"为其主题的。

张汤虽然是个执法如山的封建大法官,但他对儒道不甚精通,他在编定法律条文时,每当问到律条决狱的事情,总是让董仲舒以《春秋》之意指教,董仲舒时有附会,但多以重仁政轻刑狱之道讲解。

汉代刑法十分残酷:

笞刑,即用鞭、杖或竹板抽打,往往致人以死;黥刑,即脸上刺字;劓刑,即割掉鼻子;斩趾刑,即锯掉左或右脚;宫刑,即割掉生殖器;连坐,即将其父母、兄弟、妻子一起处死,亦称灭三族;磔刑,即肢解身体;等等。

张汤主持制定的律令共359章,大辟409条,1882款,死罪达13472款。可谓"以法治国",但都是针对普通百姓的,实行起来治民不治吏。

董仲舒对此很不满,就对张汤说:

第四章 | 晚年生活

法律公正,百姓就会诚实;判罪恰当,百姓就会服从。引导百姓走正道,不犯法,重在官吏。要是既不能引导百姓走正道,又用不公正的法律去治罪,反而会伤害百姓,社稷不安!

张汤听着虽然有时不太舒服,但总是以崇敬虔诚的态度对待。后来,张汤废除了一些酷刑。

汉武帝广开三边,连年征战,大兴宫室,穷奢极欲。文、景时期积累下来的财富耗费殆尽,国库空虚。在张汤的建言下,朝廷向大官僚、大地主、大商人增加税赋,向百姓横征暴敛,以充实国库。富人滋事,百姓骚动,官吏渔利,朝廷收入却寥寥无几。

数年来,张汤执法如山,这次又诛杀整肃了一批不法之徒,其中不乏朝廷重臣。于是他受到孤立与攻击,政敌丞相庄青翟及他的三位长史朱买臣、庄助和王朝乘机上书武帝,状告张汤有泄密、受贿、囤积居奇、冤假错案等罪。汉武帝令赵禹调查审讯,张汤全部否认,大堂之上愤然自杀,最终败于政治斗争之中。

汉武帝听到这个消息,乘车前去吊祭。张汤的子孙想

董仲舒传

要厚葬张汤,张母说:"张汤天子之臣,蒙受恶言而死,不得厚葬。"于是用牛车出丧,棺材也未用外椁。

汉武帝感叹说:"不是这样的母亲,生不出这样的儿子。"

赵禹搜查张汤官邸,只搜获五百银,而且多是汉武帝赏赐的珍稀之物。赵禹奏明汉武帝,汉武帝悔恨不已,大怒!降旨将三位长史处死丞相庄青翟也闻讯畏罪自杀。

朝野大臣闻汉武帝吊唁张汤,也纷纷前去祭吊。董仲舒吊唁张汤回到官邸,天色已晚。大雪纷飞,朔风呼啸。夜深不寐,踱来踱去,抚今思昔,老泪纵横,感慨万端。

积极推行《太初历》

西汉建立后的近百年间,一直采用秦朝的《颛顼历》。这种历法推定一月为二十九又九百四十分之四百九十九天,初一、十五跟月亮的运转总是不太合拍。每个年份从十月开始起算,计算农时很不方便。

董仲舒在胶西国任国相时,发现当地农人并不按皇历为计,而是以日月之行为计,便想建议汉武帝修改历法。当时在农间流传的历法有十六七种,不用《颛顼历》又用哪一种呢？由谁来具体研制新历呢？改不好倒不如不改。考虑到这些因素,便迟迟没有奏本。

辞官之后,董仲舒依然惦记着这件事。他曾经几次向已经担任太史令的司马迁提起过。太史令的一项重要职责就是管理天文历法,司马迁又是董仲舒的学生,师徒两个很容易沟通。

谈到制历的人选,司马迁说:"弟子出使西南夷时,闻巴郡阆中有个隐士,复姓落下,名闳,字长公,精通天文,擅长历算。曾前往拜访,结为挚友,此人可当重任。"

董仲舒表示赞同,他说:"从前在司马相如那里也听到过其人其事。只是一个乡下人,若受朝廷任用太难了。"

司马迁说:"弟子当竭力举荐,必要时以身家性命担保。"

董仲舒说:"利国利民之举,以身家性命担保倒也无妨。但还是慎重为好,在奏明圣上之前,先同长公具体商讨一下,从长计议。"

接到司马迁的邀请,落下闳从巴山蜀水来到京城长

 董仲舒传

安,见到了仰慕日久的儒门一代宗师董仲舒。落下闳告诉董仲舒,自己多年潜心研究,已粗制一种新的历法。这令董仲舒大为惊喜,问新的历法对年、月等如何规定?落下闳说:

我多次测定二十八宿与赤道的距离,算定一年等于三百六十五又一千五百三十九分之三百八十五日,一朔望月等于二十九又八十一分之四十三日;以寅月为岁首,纳入二十四节气,以冬至所在之月为十一月,以没有中气的月份为闰月。这样,135个月有23次交食周期,19年置7闰。

司马迁在一旁边听边叫好,说道:

这新的历法比《颛顼历》优越,既可以确切地反映了农业季节,也能更方便地配合农时。

司马迁对董仲舒说:

重要的是,当年孔圣人曾向弟子们传习《夏小正》之历法,欲行夏之时,但没有实施。现在长公研制的这

套历法,以寅月即正月为岁首,正与夏历相同,若能实施,也了却孔圣人一桩夙愿。

董仲舒不置可否,问落下闳:"这新历法叫什么名字?"落下闳说:

历法是推算年、月、日的时间长度和它们之间的关系,是制定时令序列的法则。一般地说,日的长短依据天象,年的月数和日数,有依照天象的,也有人为规定的。凡年、日依照天象的称为阳历;凡月、日依据天象的称为阴历;凡年、月、日都依据天象的称为阴阳历。这新历法依据天象定月、日,应称为阴历,即夏历。

董仲舒说:"阴历、阳历是泛称,并非某部历法之名啊!"

司马迁说:"现用的历法,《颛顼历》才是其名。师尊之意,长公所制历法亦应有这样一个名字。"

落下闳说:"这样的名字倒没想过。因为我将一日分为八十分,朋友们都称'八十一分律历'。"

董仲舒摇摇头,说:"这样的名字在皇上那儿是通不过

的。子长,为师想了个名字,你看如何?"

司马迁急忙答道:"请恩师赐教,弟子洗耳恭听!"

落下闳也说:"请老相国赐名。"董仲舒说:

当今圣上,雄才大略,历法名字,亦须恢宏,适才听子长所言,这部历法纳入二十四节气,开古人之先河,应农时以顺万民,功莫大焉!就叫《太初历》如何?太者,至高至极,初者,起头开始。

"谢老相国!"落下闳起身再拜。

董仲舒道:"子长,长公乃旷世奇才,《太初历》乃千古绝算,你应以身家性命推荐给朝廷。"

"不可,不可!"落下闳急忙分辩。

董仲舒问他:"为何不可?"

落下闳道出了两条理由:"一是我乃亡民之后,祖宗遗训子孙世代不得入仕;二是这《太初历》在民间传用尚可,若由朝廷颁布实施,还有个极大的漏洞。我一直不敢示之于众,正是考虑到这一点呀!"

董仲舒说:"老夫思虑再三,漏洞虽然有,但是不足为虑。"

司马迁问道:"不知有何漏洞?"

落下闳说:"此历有违'五德终始'之说。"

什么是"五德终始"之说呢?是当时颇为流行的一种观点。认为历史上的朝代更替是由木、火、土、金、水这五种物质力量规律地前后替代而决定的。这五种物质力量叫做"五德",谁要是得到了其中一德,谁就是受命天子,受命的证验是"符瑞",和五德相对应的是各个朝代的不同的制度。

落下闳忧虑地说:

> 汉得土德,《太初历》以元月为岁首,以建寅之月为正月,即夏正,而夏得木德,克土,若用必有犯上、换代之嫌。故此历万万不能用。
>
> 我早想就这个问题求教董老相国,看是否有别的理论可以补救。若能补救,长公有一好友邓平,可由其出面将《太初历》献于朝廷,以方便万民;若无补救,长公只好将其藏之深山,托于后人了,决不连累别人。

董仲舒沉默片刻,道:

董仲舒传

方才老夫听长公说到新历法,便知其悖于"五德终始"之说。但仔细想来,也无大碍。当今圣上韬略非凡,较小的事情一向大刀阔斧,古今学说在他那儿只取所需。

董仲舒转而对司马迁说道:

长公虽已经创制新历法,但不可以对圣上言明。需要先奏本修改历制,陈以利害,圣上恩允之后,再荐举贤能,以《太初历》为蓝本,假以时日,集思广益,最后由圣上钦定,布施天下,步履维艰,要处处慎之又慎。

司马迁恭恭敬敬地听着,不时地点头。等董仲舒说完,问道:"若皇上责问新历法与'五德终始'之说相悖,弟子应该怎么解释好呢?请师尊赐教。"

落下闳也起身再问,求董仲舒赐以补救之法。

董仲舒道:"补救之法,老夫的文章中久已有之。长公不修公羊之学,自然不知,子长怎么也忘了呢?"

司马迁顿首道:"弟子愚钝,请师尊明示!"董仲舒道:

除"五德终始"说外,老夫还有"三统"之说。此说当今圣上早已认可。"三统"说亦可称"三正"说。夏以寅月即正月为岁首,谓之建寅,以黑色为上色,称黑统;商以丑月即农历十二月为岁首,谓之建丑,以白色为上色,称为白统;周以子月即农历十一月为岁首,谓之建子,以赤色为上色,称赤统。黑、白、赤三统交替周而复始,循环不已。以建寅之月即正月为岁首,谓之"夏正",正合乎"三统"之说。

按照董仲舒的指点,司马迁奏请汉武帝,由落下闳、邓平等人组成修改历法的班子,寒暑几度,几经周折,终于成功。公元前104年,汉武帝颁行《太初历》,将其年改元为太初元年。事前落下闳遁入山林,修改历法的班子由邓平出面。汉武帝封赏修改历法的人员,授予邓平太史丞之职。

《太初历》在中国历史上虽然实施不到200年,但影响却达2000多年,尤其是二十四节气,沿用至今。

 董仲舒传

人生的最后时光

董仲舒辞官回到自己长安陋巷的家里,从此,他就利用桑榆晚景的暮年时光,全心全意地继续钻研学问,著书立说。但是,朝廷遇到一些重大的难以解决的问题时,还是不断地派人征求他的意见。实际上,他成了一位退职在家的朝廷专职顾问。

应该说,董仲舒的晚年是过得比较充实的。研究学术、传授学问、闭门立著占据了他大量时间,他也乐此不疲。不过,他不是一个不关心国计民生的学者。

坐在书斋里,董仲舒还不时地把自己的视野投向书斋外的广大天地。在晚年的岁月里,他并不只是以著书为满足,还积极地对国计民生的问题提出了许多很好建议。

元狩三年(前120年),山东一带发生大水灾,夏、秋收都严重地受到影响,百姓生活非常困难。汉武帝派了不少官员四处视察灾情,并命令各郡国开粮仓以赈济灾民,但仍然不能解决问题。

汉武帝又向全国发出号召,要求豪富人家募集资金救灾,或者借贷给百姓。汉武帝出台新的措施,指示要为善心救灾的个人树碑立传。可是,富者怎么会借贷给穷苦老百姓呢?因为这无异于将钱抛进了水里,所以,响应的富人寥寥无几。于是,汉武帝只得将灾区的百姓迁徙到较为富裕的地方,或者派去充实边城。

元狩年间,西汉迁徙的民众有70多万人,他们全部依靠国家的财政开支。这样一来,国家的经济就出现了一些令人担忧的问题,社会利益和个人利益的重要性表现得越来越明显。得利者生,不得利者死。

关中许多人发现从事商贩比农耕更轻松,也更容易获利。于是,社会上出现了一股趋利的风潮。百姓大都废弃粮田,舍本求末,许多人做起粮食生意来,也有不少人贩卖生活必需品等。

生产不发展,商业空前发达,无非是做着将钞票由这个口袋移到那个口袋去的事情,其结果是国家的经济根本得不到好转。

董仲舒了解到这个情况之后,在家写了一份奏折,请人代为奏交给汉武帝。在上书中,他以《春秋》作为评说的标准。《春秋》中圣人重视五谷生产,尤其重视麦子和

董仲舒传

水稻的种植。

董仲舒认为,关中的百姓不思耕种,却做起生意来,这是舍本求末,丢弃了《春秋》中的重要内容,做的是断绝自己生路的事情。所以,他建议武帝派大司农亲自下去监督布置当年的秋播工作,要求百姓种好宿麦,不要耽误农时。假如能做好的话,来年百姓的生活就能够安顿下来,温饱得以解决了,社会就会更加安定。

后来,董仲舒还向汉武帝上了几次奏疏,请求限制豪强地主的田产,制止豪强地主对小民百姓的兼并,以及建议实行盐铁归民等。

董仲舒的这些建议,都被汉武帝接受了,有的得到了立即执行。汉武帝还曾派遣董仲舒的弟子褚大等六人,手持天子节,巡行全国各地,检举、法办那些兼并土地的豪强之徒和贪污受贿的地方官员,有力地制止了豪强地主对土地的兼并,惩办了一些贪污受贿、坑害百姓的地方官员,维护了一些平民百姓的利益。

汉武帝太初元年(前104年),董仲舒无病无痛,平平静静地在家里去世了,结束了自己积极追求学术、力求用学术改造社会的一生。尽管作为一个学者,他的死是很寂寞的。但是,当临葬的时候,给他送丧的人络绎不绝。在这些送丧的人中,既有他的同僚,也有他的弟子,更多的是慕他之名的人和受益于他的政治学术主张的平民百姓。

董仲舒被安葬在距长安城东南20里的芙蓉园。那时,正是深秋九月,满园里的芙蓉花从绿叶中挺出,正寂寞地盛开着,红红的,灿烂如火,没有别的花争奇斗艳。这些芙蓉花一年一度地开着,默默地陪伴着这位完善了中国封建专制制度的思想伟人。

董仲舒去世十几年后,有一天,秋高气爽,汉武帝骑着马,在众多内侍和文士陪同下,无意中巡幸到芙蓉园。随行的内侍告诉汉武帝,一代儒学大师董仲舒被安葬在这里。

"是吗?"谁也弄不清楚汉武帝的这一反问是怀疑还是惊奇。不过,汉武帝立即下了马,步行到董仲舒的墓前。他抚摸着墓碑,向在这里默默安息的董仲舒表示敬意,悼念这位为稳定他统治而做出贡献的伟大思想家。

同行的文士见到这个情景,也跟着纷纷下马,肃立在汉武帝的身后。因此,芙蓉园这个名字就被改为了下马陵,一般文人才士到了这里都会翻身下马,向奠定了儒家思想在封建社会正统地位的董仲舒致以崇高的敬意,后来便逐渐成为一种不自觉的习惯,可见人们对董仲舒的尊崇。